民国首版学术经典

# 历史研究法
# 中国文字变迁考

吕思勉 著

上海科学技术文献出版社
Shanghai Scientific and Technological Literature Press

图书在版编目（CIP）数据

历史研究法、中国文字变迁考 / 吕思勉著．—上海：上海科学技术文献出版社，2014.5
（民国首版学术经典丛书）
ISBN 978-7-5439-6159-3

Ⅰ．①历… Ⅱ．①吕… Ⅲ．①汉字—演变 Ⅳ．① H12

中国版本图书馆 CIP 数据核字（2014）第 030389 号

责任编辑：张 树 李 莺
封面设计：周 婧

历史研究法、中国文字变迁考
吕思勉 著
出版发行：上海科学技术文献出版社
地　　址：上海市长乐路 746 号
邮政编码：200040
经　　销：全国新华书店
印　　刷：上海中华商务联合印刷有限公司
开　　本：850×1168 1/32
印　　张：6.125
版　　次：2014 年 5 月第 1 版 2014 年 11 月第 2 次印刷
书　　号：ISBN 978-7-5439-6159-3
定　　价：38.00 元
http://www.sstlp.com

# 出版説明

民國時期雖只有短短三十幾年，却在中國歷史上擁有極重要的地位。隨着地理封閉格局的打破，社會制度的轉型，思想束縛的解放，社會的文化和學術也開始了古今中西新舊融合創新的歷史過程，迎來一個百家争勝、异彩紛呈的局面，直接表現便是名家輩出、佳作迭現，且其視野之開闊、學識之淵博、影響之深遠，爲前代所不及，亦爲後人所難達。

有鑒于此，我們從民國時期的經典著作中精選一批，以“民國首版經典叢書”之名將其影印出版。第一輯共收羅了三十四種著作，合三十册，分爲“學術”和“文學”兩部分。其中，“民國首版學術經典”包括梁啓超《清代學術概論》、舒新城編《近代中國留學史》、王孝通《中國商業史》、胡樸安《中國文字學史》、李長傅《中國殖民史》、姚名達《中國目録學史》、吕思勉《歷史研究法》與《中國文字變遷考》（合一册）、胡適《五十年來中國之文學》與劉師培《論文雜記》（合一册）、吕思勉《理學綱要》、吕思勉《白話本國史》、柳亞子等編《蘇曼殊年譜及其他》、顧頡剛編著《妙峰山》等。

這些出自名家之手的著作，或爲開一代風氣的創新之作，如舒新城的《近代中國留學史》，是近代第一部研究留學問題的專著，奠定了留學史研究的根基，也是研究有關中國留學歷史的必讀書目之一；如吕思勉的《白話本國史》，既是他的成名作，也是中國歷史上第一部用白話文寫成的中國通史；或爲總結先賢、啓發後來的集大成之作，如梁啓超的《清代學術概論》，這是一部闡述清代學術思潮源頭及其流變的經典著作，也是梁啓超的代表性作品之一，將清代學術從時代思潮的角度劃分爲四個時期，并對每個時期作了簡要而中肯的評介，精辟分析了各個時期及其代表人物的成就與不足，一經問世即受到讀者歡迎，并成爲一代又一代青年學子的入門必讀書；再如胡適的《五十年來中國之文學》，從古文的末路、古文學的新變、白話小説的發達及缺點、文學革命這幾個方面再現這五十年的文學，在傳承舊學的同時更開新路，爲文學變革鋪墊、利導。

“民國首版文學經典”則包括黎錦暉編《留歐外史（第一集上編）》、朱湘《石門集》、邱東平《火災》、王實味《休息》與歐陽山等《給予者》（合一册）、徐志摩《徐志摩選集》、邱東平《第七連》、蕭紅《生死場》、張資平《紅霧》、張資平《飛絮》、陳夢家編《新月詩選》、徐志摩《雲游》與《志摩的詩》（合一册）、弘一大師紀念會編《弘一大師永懷録》、葉靈鳳《紅的天使》、朱自清等《我們的六月》、《魯迅傑作選》、郁達夫《迷羊》、胡適《胡適留學日記》、葉靈鳳《未完的懺悔録》等。

文學爲人民群衆喜聞樂見之事，其影響既遠且廣。叢書中所收，不乏當時的“暢銷書”，如蕭紅的《生死場》，甫一出版便轟動當時文壇；如張資平創作的言情小説《紅霧》、《飛絮》等，一版再版，暢銷多年；同時還有不少品種是現今流傳較少，甚至是建國後第一次影印出版的，如弘一大師紀念會所編《弘一大師永懷録》，該書于大師圓寂一周年時出版，當時僅印發一千册；如黎錦暉編《留歐外史（第一輯上編）》，一九二八年首版發行，建國後一直没有再版，已很難找到。

綜上，“民國首版經典叢書”内容包羅萬象，涵蓋詩歌、小説、散文、紀實文學、史學研究、理學、文學研究等方方面面，所選皆出自名家、大家之手，或爲各學科奠基之作，或爲集大成之經典，或爲震動當時、影響深遠的傳誦之作，其中不乏流傳很少、極難覓尋的孤本，我們苦心孤詣，找尋到這些經典著作的初版本，原版影印，精裝制作，以饗讀者。

編　者

二零一四年二月

# 歷史研究法

呂思勉

永祥印書館刊

范泉主編

青年知識文庫

第一輯　第十八種

# 歷史研究法

呂思勉

永祥印書館刊

# 歷史研究法　目次

# 第一章　爲什麼要研究歷史

歷史到底是怎樣一種學問？研究了他，有什麼用處？

提出這一個問題，我知道多數人都能不待思索而回答道：歷史是前車之鑒。什麼叫做前車之鑒呢？那就是：從前的人所做的事情，成功的，大家認爲好的，我們可奉以爲法，照着他做；失敗的，大家認爲壞的，我們當引以爲戒，不照着他做。姑無論成功失敗，不盡由於做法的好壞；衆人所謂好壞，不足爲準；即置二者於弗論，世事亦安有眞相同的？執着相同的方法，去應付不同的事情，那有不失敗之理？在社會變遷較緩慢之世，前後的事情，相類似的成分較多，執陳方以醫新病，貽誤尙淺，到社會情形變化劇烈時，就更難說了。近代世界大通，開出一個從古未有的新局面，我們所以應付之者，幾於着着失敗，其根源就在於此。所以憤激的人說道：歷史是足以誤事的。因爲不讀歷史，倒還面對着事實，一件新事情來，要去考察他的眞相，以定應付的方針；一有了歷史知識，先入爲主，就會借重已往的經驗，來應付現在的事情，而不再去考察其眞相；即使去考察，亦易爲成見所蔽，而不能見其眞相了。如咸豐十年，僧格林沁給英、法兵打敗了，薛福成的文集裏，有一篇文章，記載其事，深致惋惜之意。他說：「咸豐八年，業經把英法兵打敗了，這一次如能再打一個勝仗，則他們相去數千里，遠隔重洋，不易再來第三次，時局就可望轉機了。」近代世界交通的情形，是否英法再戰敗一次，即不易三來？當日清朝腐敗的情形，是否再戰勝一次，時局即可望轉機？我們在今日看起來，可謂洞若觀火，而在當日，號稱開通的薛福成，竟不能知，這也無怪其然。當日英、法的情形，自非薛氏所能洞悉。然使薛氏而毫無歷史知識，倒也不會作英、法再敗即不易三來的推測。有了歷史知識，照歷史上的成例推測，相去數千里，遠隔重洋，而要興兵至於三次、四次，確是不容易的，無怪薛氏要作此推測了。據此看來，歷史知識足以誤事之言，並不能說他不對。然而沒有歷史知識，亦未嘗不誤事。當袁世凱想做皇帝時，先由籌安會諸人列名發出通電說要從學理上研究中國的國體問題，到底君主民主，孰爲適宜？當時大家看見這個通電，就說：袁世凱想做皇帝了。我卻不以爲然。我說：這其中必然別有原故，深曲隱蔽，不可輕於推測。爲什麼呢？我以爲生於現今世界，而還想做皇帝還想推戴人家做皇帝；除非目不識丁，全不知天南地北的人，不至於此，以此推測袁世凱和籌安會諸人，未免太淺薄了，所以我有此見解。然而後來事情一層層披露出來，竟爾不過如此，這不是一件奇事麼？此無他，還是缺乏歷史知識而已。據這件事情看來，歷史知識，是不會誤事的，所以誤事，還是苦於歷史知識的不足。這話怎樣講呢？須知道世界上是沒有全無歷史知識的人的。我們和人家談話，總聽得他說：從前如何如何，這就是歷史知識。所謂歷史，原不過是積從前如何如何而成，所以此等人和專門的史學家，其知識之相去，亦不過程度之差而已。袁世凱和籌安會中人，想做皇帝，想推戴人家做皇帝時，亦何嘗沒有他們的歷史知識？在中國歷史上，皇帝是如此做成的；推戴人家做皇帝，是如此而成功的；豈能說是沒有？以當時的情形而論，反對的人，自然不會沒有的，然而據歷史上的成例推測，豈不可期其軟化？即有少數人不肯軟化，又豈不可望其削平？這個，據着他們僅有的、一偏的歷史知識推測，自亦可以作此斷案，自不免於希冀僥倖。倘使他們再多讀一些近代的外國歷史；倘使他們的心思，再能用得深一點，知道歷史上的事情，前後不符的甚多，未可輕易的執着前事以推斷後事；他們自然不至於有此失着了。所以說：誤事的不是歷史知識，只是歷史知識的不足。

歷史上成功的，大家所認爲好的事情，既不能摹倣，據歷史上的成例，以推斷事情，又易陷於錯誤，而沒有歷史知識，又要誤事，然則如何是好呢？須知道：應付事情，最緊要的，是要注意於學與術之別。學是所以求知道事物的眞相的，術則是應付事物的方法。淺薄的人，往往說：我能夠應付就得了，事物的眞相，管他幹麼？殊不知你知道了事物的眞相，應付的方法，自然會生出來，只有淺薄的應付方法，則終必窮於應付而後已。淺近些說：我們要做一張桌子，一張椅子，這自然是有成法可循的，然而木料之類，有時而不湊手，怎樣呢？倘使你只會按照一定的樣子做，就要束手無策了。如其你明於原理，那就可以隨時變化。桌面上是要安放東西的，所以要是個平面，只要是平面，其形狀是正方的，長方的，正圓的，橢圓的，甚而至於都不是的，卻不是頂緊要的條件。普通的桌、椅，總是四隻腳，那是求其安放得牢，然則只要安放得牢，三隻腳也未嘗不可以；倘使只有一根粗的木材，能夠撐定在中間，也未嘗不可以；又何必定要四隻腳呢？這是舉其兩端爲例，其餘可以類推。做桌、椅是最呆板的事，尚且如此，何況較活動的事？何況所應付的，是人而不是物呢？然則事物的眞相，如何能够知道呢？那史學家有一句名言道：「現在不能說明現在。」爲什麼現在不能說明現在呢？那是由於一切事物，有其「然」，必有其「所以然，」不知其所以然，是不會了解其然的性質的。我們要用一個人，爲什麼要打聽他的出身？爲什麼要打聽他的經歷？豈不以一個人的性格、才能等等，就是他的出身、經歷等等造成的，我們試再反躬自省：我爲什麼成爲這樣子的我，豈不和我所生長的家庭，我所肄業的學校，我所交往的朋友，我所從事的職業，都有很大的關係？倘使我生在別的家庭裏；在別的學校裏肄業；我所交往的朋友，換過一班人；我所從事的職業，也換成別一種；我豈能成爲現在的我？我們再放眼縱觀：我們所認得的人，爲什麼成爲他現在這個樣子？讀書的人，多少有些迂腐氣；做官的人，多少有些官僚氣；生意人多少有些市儈氣；白相人多少有些流氓氣；這是爲什麼？他們是生來如此的麼？然則中國的社會，爲什麼和歐洲不同？歐洲的社會，爲什麼和日本不同？甚而至於英國和美國不同；日本和朝鮮不同；就中國的社會，南北風氣，亦不能盡同；其故安在？就可以深長思了。尋常人對於一切事物，大都不甚深求，所以覺得不成問題。其實略加思考，任何事物，所以如此，莫不有很深遠的原因在內；深求其故，無不可以追溯至於極遠之世的。固然，我們對於一切事物，總不能眞正尋根究柢，然而多知道一些，畢竟要好一些。然則歷史怎好不研究呢？

有人說：你的話是對了。可是已往的事情多着呢，我們如何能盡記，亦且如何能盡知？這話不錯。一天的新聞紙所載，奚啻社會上所發生的事情的幾萬萬分之一；

歷史的所載，又奚啻新聞紙的幾萬萬萬分之一；我們能知道什麼？歷史又何從談起呢？且慢，我們現在，是怎樣的一個人？你在社會上，佔如何一種位置？人家如何應付你？你沒有不明白的。我們所以能夠明白這些，豈不由於已往的記憶？然而我們已往的事，我們亦何嘗能盡記？然則我要明白我之所以爲我，正不必把已往的事情全記牢，只要記得其一足以使我成爲現在的我的事情」就夠了。在人如此，社會亦何獨不然？又何至於要把已往的事情全記呢？然而問題就在這裏了。

# 第二章　歷史的歷史

任何一件事，非追溯其已往，不能明白其現在；任何一件事，求其原因，都可以追溯到極遠；而又不必把已往的事情全記；這種說法，看似微妙，其實是容易明白的。問題就在：「對於已往的事情，要把其使現在成爲現在的，挑選出來，而我們現在所挑選，是否得當呢？」這話就很難說了。須知歷史亦只是在一定的環境中，自然發生、成長之物，並不是自始即照着理想做的；更不是人類自始就有甚麽高遠的理想。說到此，則我們不能不一考究所謂歷史的歷史了。

用普通人的眼光看起來，歷史的起原，是很遠的，所以一開卷，就是些荒誕不經，渺茫難考的話。其實歷史比起人類的年齡來，是很小的。人類的年齡，假定爲五十萬年，則歷史的年齡，大約不過其百分之一；而且比較可靠的，還至少要打一個對折。我們對於已往的知識，自不甘以此爲限。所以在沒有歷史的時代，也要想法子把他補作起來。因此，有所謂歷史時代和先史時代。所謂歷史時代，是當時的人，有意把他當時或以前的事，記載下來，傳給後人，而其所傳者，至今還有存留的。所謂先史時代，則這種遺留之物，已無所有，所有的一切，都是後人補作出來的。歷史的流傳，原不以語言和文字爲限，然由語言或文字流傳的，究居其極大部分；語言和文字，從廣義上說起來，原即一物，文字不過是語言的擴大而已，然語言非藉文字，不能傳諸久遠；所以從大體上說，亦可以說：歷史時代，大略和有文字的時代相當，先史時代，則屬於未有文字的時代。

歷史時代，所流傳下來的，是些什麼東西呢？據我們所見到的，可以分爲下列幾種：（一）國家所設立的記事之官，即所謂史官所記的。其中又分爲：（A）記事之史。其書之存於現在者爲春秋。（B）記言之史。其書之存於現在者爲尚書。（註一）（C）古代的法、令、章程之類。其書之存於現在者爲禮。（註二）（D）貴族的世系，古稱爲帝繫世本，簡稱爲繫世，但世本亦是他的通名。（註三）（E）古人自記其功勳，或記其先世功勳之作，即所謂金石刻。（註四）（二）私人所傳述的故事，或偉大人物的言行。以其起於口耳相傳，故其後雖筆之於書，而仍稱爲語。（註五）大抵士大夫所傳述

註一　此係就整部的體例言，若記事、記言之史，零碎材料，存於古書之中的，則不可勝舉。又春秋爲記事之史。尚書爲記言之史，亦係就其大體言之，其中亦自有不能劃一之處，如禹貢即並非記言之體。總之，古書編纂錯亂，體例總不能盡純，不可十分拘泥。

註二　小的爲一事的儀式，如儀禮所記是；大的則可以關涉國家行政機關的組織及法令的全般，古人亦稱爲禮，如周禮是。後世之唐六典，即係做周禮而作的，明、清會典，又係做唐六典而作的。

註三　所以世本這部書，內容亦兼記帝王的統系。繫世的記載，據周禮，係小史之職。

註四　金屬的壽命，尤較石爲悠久，故古器物存於後世的，以金爲尤多。

註五　傳述一件故事或一個人的言行的，都謂之語。前者如武王克商之事，禮記樂記稱爲牧野之語是。後者如國語，是分國編纂的語；論語，論同倫，類也，此書乃孔子及孔門弟子的言行，被分類編纂的。史記的列傳，其原本實稱爲語，所以在他篇中述及，尚稱之爲語，如稱淮陰侯列傳曰淮陰侯語是。

的，其所關涉之事較大，其說亦較近情理，農夫野老所傳述的，則正相反。但要考見當時社會的情況，以及較古的情況，反宜於後者求之，一入士大夫口中，就被其以「言不雅馴」四字删去了。（註六）中國的神話，頗覺貧乏，其原因即由於此。（註七）

歷史的緣起，從心理方面說來，可以說：（一）屬於理知方面。因為人類有求知的慾望，所以（A）屬於無可解釋之事，亦要給他一個解釋，神話的起源即如此。（B）要記錄已往之事，以做將來辦事的根據或參考，國家設立史官的根原，就在於此。（C）要記錄已往的事，以作後人的法戒，其說已如第一章所述。（二）屬於情感方面。不論什麼人，都有一個戀舊而不忍忘記之感情，所以要把自己的經歷；或他人的事情，是他認為有意義的；傳述下來，留給後人。有這兩種動機，歷史就誕生出來了。但

註六　四字見史記五帝本紀贊。

註七　中國的神話，惟山海經及楚辭的離騷、天問等篇，包含較多。其見於緯書的，看似豐富，然多出後人僞造，至少會經過改造，不甚可信。

是古人對於主客觀的分別，不甚淸楚。所以（一）其所流傳，眞正的事實，和自己的意思，往往混合不分，甚至全篇的話，都是以意搆造的，和現在的小說一般，而亦用記事的形式，流傳下來，此卽所謂寓言，最易使事實淆混。（註八）（二）更古的人，則連生物和無生物，人和動植物的區別，都弄不淸楚了，所以又有所謂神話。（三）就是述及制度，也是如此的，孰爲當時實有的制度？孰爲傳述者的理想？二者並不分開。（註九）所以古代的史實，特別模糊。這種性質，大概秦、漢之際，是一個界限。在漢朝初

---

註八　古代所謂小說，乃謂其出於街談巷議，而不出於士大夫，說見漢書藝文志。事實出於虛構，如後世之小說者，古人謂之寓言。後世的小說，情節雖經理想化，事實或有根據，然其人名地名等，則必非眞實，故不易與事實相混。古代之寓言，則正相反。情節出於虛構，而人地名則多用眞者，如莊子盜跖篇，欲寓其「秀才遇着兵，有理講不成」的理想，乃揑造一孔子欲說服盜跖，反爲所大罵，幾至遇禍之事，卽其一例。

註九　記制度者，以儒家之書爲最多。儒學分今古文兩派，今文言制度者，以禮記的王制篇爲總匯，古文以周禮爲大宗，皆係如此。諸子書言制度者，以管子爲最多，亦係如此。

年以前，歷史所傳的，如趙高指鹿爲馬之事，如流俗所謂鴻門宴的故事，（註十）都是說得天花亂墜，極有趣味，而細想一想，就知道其萬無此理的。其可信的程度，決不會超出後世的三國演義以上。秦、漢之際，尙且如此，前乎此者，就更不必說了。所以所謂古史，實當別爲一科，專門研究。（註十一）從漢朝統一天下以後，文化發達，傳述者的程度，驟然提高；可靠的材料，流傳下來的亦多；（註十二）歷史便煥然改觀了。

史學的發達，不能不爲物力所限。古代作書的材料，簡牘笨重，縑帛價貴，而書寫

註十　見史記秦本紀及項羽本紀。

註十一　因爲研究的人，各有專長，而古史的研究，有須於特別技術者尤多。至某書或某書的某部分，是否當屬於古史的範圍，則當以其是否具有此種性質而定，不能執時代爲斷。

註十二　前乎此者，採取不足信的材料，亦不能爲其人咎。因爲歷史是不能造作的，斷不能以自己推想所信的，作爲史實。流傳下來的，只有這樣的材料，自只能照其原樣，傳給後人。在採取他的人，原並不以爲可信，所以旣採取之，而又加以辨正者亦甚多。

又煩難，於是乎（一）著作難（二）而材料之蒐輯亦不易。所以能成立一部巨著的，非依靠國家，得其助力不可。司馬談、遷父子，世爲史官，卽其一例。但自隋以前，作史的人，雖借國家的助力，而其事則仍係私人的事業。雖然有時候編成某一朝的歷史，係出於國家的命令，亦都就有志於此，或業已從事於此者而命令之，國家不過給以某種助力而已。時代愈後，則（一）材料愈多，（二）所關涉的範圍亦愈廣，從分量和門類兩方面而論，都非一人之力所克勝，唐時遂開集衆纂修之例，此後就沿爲故事了。（註十三）向來論史學的人，多數偏袒私家著述，而賤視集衆修纂，這亦是一偏之見，其實二者是各有所長的。（註十四）況且一人獨著，事實上已陷於不可能，那也不必

註十三　可參看史通的古今正史、史官建置兩篇。其唐以後的事，拙撰的史通評，可以參看商務印書館本。

註十四　如晉書係集衆所修，其紀傳的淩亂和瑣屑，誠不能爲諱，然志却是好的，卽由聚集各專家，各用其所長之故。

去追慕他了。

著述的人，都要靠國家的助力，其事自然和政治接近了。因書寫材料之笨重和昂貴，以致書寫艱難，流傳不易的情形，自造紙術成功而一小變，至印刷術發明而一大變，然而從事於作史的，都是所謂士大夫，士大夫是以政治為職業的，所以歷史注重政治的情形，始終無甚變動。政治方面的現象，昔人所重視的有兩種：（一）隨時發生的事情，如某年月日太子生，某年月日舊君死，新君立，某年月日某外國入寇之類，這是無從豫知的。（二）則政治上豫定一個辦法，以處理某種事務，此即所謂政治制度。其能行與否，誠未可知；行之而能歷多久，亦未可知；然既定為制度，總是期其行之永久，至少亦是期其行之於某一時期之中的。這兩種政治現象，馬端臨的文獻通考總序中，各給了他一個名目，稱前者為理亂興亡，後者為典章經制。歷代的史籍，實以此二者為記載的中心。所謂正史，他的體裁，大體上有紀、傳、表、志四種，（註十五）本紀、列傳，是所以記前一類的事實的，志是所以記後一類的事實的，表則二者皆可用。

因其體例，於此兩種事實，能夠包括無遺，所以歷代功令，定為正史。但紀傳之意，雖在於記事而以人為單位，於事實未免割裂，不便觀覽（註十六）所以又有取別種體裁的書，與之並行。其記前一類事實而以時間為條理系統的，謂之編年；挑選若干大事，逐事詳其始末的，謂之紀事本末。記後一類事實的，有的通貫列代，如通典和文獻通考是；有的專詳一代，如兩漢會要是。其隨意記載，並無一定的範圍，或並無條理系統的，則稱為雜史。（註十七）專以人為主，而記其事蹟的，則稱為傳記。（註十八）從前的歷史，所

註十五　史記尚有世家一體，乃係記載未統一前的列國的，後世已無其物，故諸史皆不用，歐陽修新五代史，襲用其名，實屬無謂。晉書有載記一體，原於東觀漢記。東觀漢記用以記開國時的羣雄，晉書則用以記割據諸國，然亦可以不必別立名目，故他書亦總稱為列傳。

註十六　此不能為司馬遷咎，因古代的紀傳，事實多不相關涉；其相關涉的，材料性質，亦各有不同，不能合併也。但後世襲用之，則使史事割裂。

註十七　又有稗史、野史等名。其體例與正史同，而未列為正史的，淸四庫書目稱為別史。

註十八　包括年譜等。傳記有專記一人的，亦有並列多人的，後者如高僧傳、耆獻類徵等都是。

取編纂的方式，重要的，大抵不外乎此。此外地理應當獨立爲一科。舊時書目，亦入史部之中，乃因（一）從前的地理偏於考古，論其性質，大部分係讀史地理，不能獨立爲一科；（二）又舊時書籍，以經、史、子、集爲四大部，地理不能歸入經、子、集，勢不得不附於史部之中。目錄學的歸入史部，亦可說是出於後一個理由。此外如詔令奏議、職官等門，則只可說是未經編纂的歷史材料而已。時令亦列入史部，最爲無理，即以舊時的分部論，亦應列入子部天文家之中。史評一門，內容分爲（一）考證、評論史事，（二）論作史之法，二者同用一名，亦爲未妥。有史時代的史材，大致如此。

先史時代的史材，則不是求之於書，而是取之於物的。其物，從性質上言之，可分爲三類：即（一）人類的遺骸。（二）古物。此門包括極廣，不論食物、衣服、用具、建築物、道路，及天產品等都屬之。能得實物固佳，如不能得，則得圖畫、模型，亦較但用文字說明者爲親切明白。惜乎從前繪畫之技不甚精，輾轉傳抄或翻刻，更易失其原樣；做製之物，亦多以牟利爲動機（註十九）不盡可信而已。書籍，自其又一方面觀之，亦爲實物，如宋版、元槧，可觀其紙墨、字體，而知當時製造及印刷的技術是。他種實物，更不待論，如鐘鼎，一方面可觀其銘刻，又一方面，卽可觀其冶鑄的技術，其重要實有過於根據其文字以考史事。中國從前科學不發達，不甚知道實物的價值，屬於古物，偏重其有文字者，以致作僞者亦以此爲務，(註二十)今後實不可不翻然改圖。(三)爲法、俗。法、俗二字，乃歷史上四裔傳中所用的。這兩個字，實在用得很好。法係指某一社會中有強行之力的事情，俗則大家自然能率循不越之事，所以這兩個字可以包括法、令和風俗、習慣，而衣、食、住、行等物質生活，在古代，亦皆包括於俗之中；所以這兩個字的範圍很廣，幾於能包括一個社會的一切情形。(A)法、俗的變遷，有的很遲，所以古代的法、俗，還存於現在，這固不啻目擊的歷史。(B)又其變遷，大抵有一定的途徑，所以

註十九　如古錢便是。

註二十　如殷墟甲骨文，據中央研究院歷史語言研究所報告，僞造者確有其人，且有姓名及每僞造一片的價格。

業經變遷之後，考察現在的情形，仍可推想已往的情形。(C)而社會進化的階段，亦往往相類。所以觀察這一羣人現在的情形，可以推測別一種人前代的情形。社會學之所以有裨於史學，其根原實在於此。此種材料，有的即在地面上，有的則須掘地以求之。大概時代愈遠，則其有待於發掘者愈多。歷史的年代，是能追溯得愈遠愈好，所以鋤頭考古學，和史學大有關係。

# 第三章　史學進化的幾個階段

不論那一種學問，都是逐漸進步的，史學將來的進步，未知如何，這或者連他所要走的方向，亦非現在所能豫知。若回顧既往，則其進步，有歷歷可指的。我現在把他分做幾個階段，這可以看出史學發達的情形，而史學研究的方法，亦即因此而可知。

中國史學的進化，大略可以分做四個階段：

第一個階段，可以把司馬談、遷父子做代表。他父子倆才有意網羅一切史材，做成一部當時的世界通史。（註一）在他以前，固非沒有知道看重歷史的人，所以有許

註一　所謂世界，總係以當時的人所知道的爲界限，在近世世界大通以前，西洋人的所謂世界，亦係如此。所以史記實在是當時的世界史，而不是本國史。不但史記，即中國歷代的正史，稱爲其時的世界史，亦無不可，因爲他已經把他這時代所知道的外國，一概包括在內了。

多材料，流傳下來；還有一部無名氏所作的世本，史學家稱他爲史記的前身；（註二）然總還是片段的、部分的保存而已，重視歷史的觀念，總還覺得未臻於圓滿，到他父子倆，就大不相同了。所以他父子倆，可說是前此重視史學的思想的結晶，亦可說是後世編纂歷史的事業的開山。這種精神，這種事業，可以說是承先啓後。後來許多史學家的著作，都是從此基礎之上，發展出來的。

第二、自司馬遷以後，史學界有許多名家，不過覺得史料要保存，要編纂，以詒後人而已，編纂的方法如何，加以研究的很少。到唐朝的劉知幾，才於此加以檢討。據唐書的劉知幾傳，和他同時，懷抱相類的思想的，有好幾個人，可見這是史學上進化自然的趨勢，劉知幾只是他一個代表。他著了一部史通，對於古今的史籍，加以批評。他先把史籍分成正史和非正史兩種，評論其可稱爲正史的，共有幾家；其體裁適用於

註二　世本亦有本紀，有世家，有傳。又有譜，即表的前身。有居篇，記帝王都邑；有作篇，記一切事物創作之原；爲書之所本。所以洪飴孫作史表，把他列在諸史之前。

後世的共有幾種。（註三）對於材料的去取，以及編製的方法，文辭的應當如何，都一一加以研究。實爲作史方法的一個大檢討。

第三、劉知幾的史通，不過遵守前人的範圍，對其作法，加以研究而已。所謂範圍，就是何種材料，當爲史家之所取，何種材料，可以置諸不問，劉知幾和他以前的人，意見實無大異同，卽可說他史學上根本的意見，和他以前的人，亦無大異同。到宋朝的鄭樵，便又不同了。他反對斷代史而主張通史，已經是史法上的一個大變。這還可說是史記的體例，本來如此，而鄭樵從而恢復之。其尤爲重要的，則他覺得前人所蒐集者，不足於用，而要於其外另增門類。他在通志的總序中，表示這種意見，而其所作的二十略，門類和內容，亦確有出於前人之外的。（註四）這可說是史學上的一個大變革了。

註三　見史通六家、二體、雜述三篇，六家係劉知幾認爲正史的，二體則六家之中，劉氏謂其可行於後世的，所以其古今正史篇所述，亦以此二體爲限，雜述則其所認爲非正史的。

第四、以從前的人所蒐輯的範圍爲太狹，而要擴充於其外；這種見解，從史學知識，當求其完全廣博而論，是無人能加以反對的，但是僅此門類，史料日日堆積，業已不勝其煩，不可徧覽了，何況再要擴充於其外呢？如此，豈不將使歷史成爲不可觀覽之物麽？然而要遏止這個趨勢，把材料加以删除，卻又不可。這事如何是好呢？於此，中國的大史學家章學誠出來，乃想得一個適當處置之法。他把史材和作成的史籍，分爲兩物。儲蓄史材，務求其詳備，而作史則要提要鉤玄，使學者可讀。因史料的詳備，史家著述，才有確實的根據，和前此僅據殘缺的材料的不同。亦惟史材完備保存，讀者對於作者之書，有所不足，乃可以根據史材而重作。（註五）其大體完善，而或有錯誤、

註四　據總序自述：氏族、六書、七音、天文、地理、都邑、謚法、器服、樂、藝文、校讎、圖譜、金石、災祥、昆蟲草木十五略，都出自胸臆，不襲漢唐諸儒，此就內容而言。若以門類而論，則六書、七音、校讎、圖譜、金石、昆蟲草木，乃全爲鄭氏所新立。

註五　一人的見解，總不能包括無遺，所以每一種歷史，本該有若干人的著作並行。

闕略之處亦可根據史材，加以訂補。因其如此，所以作史者可以放大膽，實行其提要鉤玄，而不必有所顧慮。從前併史料和作成的史籍爲一談，一部書修成後，其所根據的材料，即多歸於散佚，（註六）作史的人，覺其可惜，未免過而存之，往往弄得首尾衡決，不成體例；而過求謹嚴，多所刊落，確亦未免可惜；知章氏之說，就可以免於此弊了。章氏此種見解，實可謂爲史學上一大發明。其他警闢的議論還多，然其價值，都在這一發明之下。

第五、史材務求詳備，作史則要提要鉤元，這在現今的史學家，立說亦不過如此。然則章學誠的意見，和現在的史學家，有何區別呢？的確，章學誠的意見，和現在的史學家，是無甚異同的。他的意見，和現代的史學家，只差得一步。倘使再進一步，就和現在的史學家相同了。但這一步，在章學誠是無法再進的。這是爲什麼呢？那是由於現

註六　此亦係爲物力所限，今後印刷術發達，紙墨價格低廉，此等狀況，可望漸變。

代的史學家，有別種科學做他的助力，而章學誠時代則無有。現代史學的進步，可說所受的都是別種科學之賜。史學所要明白的，是社會的一個總相，而這個總相，非各方面都明白，不會明白的。要求各方面都明白，則非各種科學發達不可。所以現在史學的發達，實得力於各種專門史的競出。各種專門史，日益進步，而普通史乃亦隨之而進步。專門史嚴格論起來，是要歸入各該科學範圍之內，而不能算入史學範圍內的。所以說史學的發達，是受各種科學之賜。然則各種專門史發達達於極點，普通史不要給他分割完了麼？不。說明社會上的各種現象，是一件事，合各種現象以說明社會的總相，又是一件事，二者是不可偏廢的。社會是整個的，雖可分科研究，卻不能說各科研究所得的結果之和，就是社會的總相。社會的總相，是專研究一科的人所不能明白的。倘使強作說明，必至於鹵莽滅裂而後已。所以各種科學發達，各種專門史日出不窮，普通史即嚴格的完全屬於史學範圍內的歷史，只有相傳而益彰，決不至於無立足之地。史材要求詳備，作史則要提要鉤元，是了，然史材要求詳備，不過是求作史根據的確實，而各項史材，非有專門家加以一番研究，爲之說明，是不能信爲確實的。詳備固然是確實的一個條件，然非即可該確實之全，所以非有各種科學以資輔助，史學根據的確實，亦即其基礎的堅固，總還嫌其美中不足；而其所謂提要鉤玄的方法，亦不會有一客觀的標準，倘使各率其意而爲之，又不免要聚訟紛紜，莫衷一是了。所以章學誠高尙的理想，必須靠現代科學的輔助，才能夠達到。所以說：他和現代的新史學，只差了一步，而這一步，卻不是他所能達到的。這不是他思力的不足，而是他所處的時代如此。如以思力而論，章氏在古今中外的史學界中，也可算得第一流了。

思想的進步，是因乎時代的。第一階段，只覺得史料散佚的可惜，所以其所注意的在蒐輯、編纂。第二階段，漸漸感覺到蒐輯、編纂，如何才算適當的問題，所以其所注重的在史法。第三階段，則因知識的進步，感覺到史學範圍的太狹，而要求擴充，這可說是反映着學術思想的進步。第四階段，因史籍堆積甚多，再圖擴充，不免要使本身膨脹破裂，而割棄則又不可而起，雖未說及分科，然一人的才性和精力、日力，既不能兼容幷包而各個門類，以及每一門類中的各種材料，又都不容割愛；則勢非提倡分科不可。所以史學若從章學誠的據點上，再行發展下去，亦必提倡分科研究；各種專門史，亦必漸次興起；不過現在既和外國的學術思想接觸，自不妨借他的助力罷了。所以學問的進化，自有一個必然的趨勢，而現在所謂新史學，卽作爲我們自己發展出來的一個階段，亦無不可。

史學和文學，係屬兩事，文學係空想的，主於感情，史學係事實的，主於理知。所以在人類思想未甚進步，主客觀的分別不甚嚴密的時代，史學和文學的關係，總是很密切的，到客觀觀念漸次明瞭時，情形就不同了。天下的人，有文學趣味的多，而懂得科學方法的少，所以雖然滿口客觀客觀，其實讀起記事一類的書來，是歡迎主觀的敍述的。喜歡讀稗史而不喜歡讀正史；在正史中，則喜歡四史等而不喜歡宋以後的歷史；和其看現在的報紙，喜歡小報而不喜歡大報，正是同一理由。殊不知四史等的敍述，全以主觀爲主，時代愈後，則客觀的成分愈多，作者只敍述事實的外形而其內容如何，則一任讀者的推測，不再把自己的意思，夾雜進去了，這亦是史學的一個進步。

# 第四章　舊時歷史的弊病何在

從前的歷史，不適於現代人之用，這句話，是人人會說的，然則從前的歷史，其弊病果安在呢？

提出這一個問題來，我們所回答的，第一句話，便是偏重於政治。「一部二十四史，只是帝王的家譜，」這一類的話，在今日，幾乎成爲口頭禪了。這些話，或者言之太過，然而偏重政治的弊病，是百口莫能爲諱的。且如衣、食、住、行，是人生最切要的事，讀某一時期的歷史，必須對於這種生活情形，知道一個大概，這是無待於言的了。我們讀舊日的歷史，所知道的，卻是些什麼呢？我也承認，讀舊日的歷史，於這一類的情形，並非全無所得。然而讀各正史中的輿服志，所知者，皇帝和官員所穿的衣服，所坐的車輛而已，平民的衣着，及其所用的交通工具，卻並沒有記載，我們讀齊書的本紀，知道齊明帝很有儉德。當時大官所進的御膳，有一種喚作裹蒸，明帝把他畫一十字形，分成四片，說：「我吃不了這些，其餘的可以留充晚膳。」胡三省通鑑注說：「在他這時候，還有裹蒸這種食物。是把糖和糯米、松子、胡桃仁，合着香藥做成的。把竹皮包裹起來蒸熟。只有兩個指頭大，用不着畫成四片。」（註一）裹蒸的大小，無關緊要，可以不必去管他。看他所用的材料和做法，大約就是現在嘉、湖細點中胡桃糕的前身。吾鄉呼為玉帶糕，正是用糖和糯米粉、松子、胡桃仁製成的，不過沒有香藥而已。（註二）南北朝時，還沒有蔗糖，就是宋、元之間，蔗糖也遠不如今日之盛，胡三省所說的裹蒸，用何種糖不可知，齊明帝所吃的裹蒸，則所用的一定是米、麥糖。米、麥糖所製的點心，不甚宜於冷食，所以大官於日食時進之，等於現在席面上的點心，後來改用蔗糖，就變成現在的胡桃糕，作為閒食之用了。又據南史后妃傳：齊武帝永明九年，詔太廟四

註一　見齊明帝建武三年。

註二　因近代香藥輸入，不如宋、元時代的多而美。

時祭薦其先人所喜食之物。其中薦給宣皇帝的有起麵餅一種。胡三省通鑑注說一起麵餅，今北人能爲之。其餅浮輭，以卷肉啗之，亦謂之卷餅。」這似乎就是現在山東薄餅的前身。胡氏又引程大昌的話，說：起麵餅係「入教麵中，令鬆鬆然也，教，俗書作酵。」然則在宋、元間，南人食麵，尙不能發酵。麵飯不發酵則不鬆美，我們觀此，頗可知古代北方雖多產麥，而北人仍以稻米爲貴，近代則不但北人喜食麵，卽南人嗜麵的亦漸多的原因。這兩件事，我們自謂讀史鉤稽，頗有所得，然亦只是一鱗一爪而已。南北朝時，裹蒸究竟是較普遍的食品？還是帝王貴人所專享？發酵之法，究竟發明於何時，如何普及於南方？我們都茫無所知。然則我們讀史，雖可藉零碎材料，鉤稽出一些史實來，然畢竟知之不詳。這就不能不追恨當時的史家，所記太偏於政治，以致別種情形，只能因政治而附見了。我們雖能知道秦代的阿房宮，漢代的建章宮，宏大壯麗的情形，因而略知當時的建築技術，然究不能知秦、漢時代普通的民居如何，其弊亦正在此。所以說舊史偏重政治的弊病，是百口莫能爲諱的。

偏重政治的弊病，果何從而起呢？這有一個很深遠的原因在內。人類的作事，是有惰性的，沒有什麽新刺激，就只會模模糊糊，一切都照舊做去。古代國家，不過現在一縣大，所謂國君，僅等於現在的縣令，大夫略如鄉、鎮長，士則保、甲長之類而已；他們又都是本地人；所行的政治，自然能有影響及於社會。到後世，就遠不是這一回事了。君門萬里，出必警蹕清道，君和民終身沒有見過一面，（註三）平民於宮中之事，固毫無所知；生長深宮之君，於民間習俗，亦一無所曉。所謂禮、樂等化民之具，在古代，是行之於共見共聞之地的，（註四）在後世，則只是君和大臣，在禁衛森嚴的地方，關着門去行，平民永遠不曾看見，試問有何影響，能及於社會？現在罵政治不好的人，總說

註三　康有爲的歐洲十一國遊記說：「人們凡事，都易循其名而不察其實，如聽見外國有國王，便想像他，是和中國的皇帝一樣。其實，我在比國，看見他的國王，從宮中步行出來，人民見他，都起立致敬，他也含笑點頭答禮，比中國州縣官的尊嚴，還相差得很多。

註四　如古代的鄉射禮，意思便近於現在地方上的運動會。

他是紙上文章，實際沒有這回事。試問：以現在行政機關的疏闊官吏和人民的隔絕；欲求其不成爲紙上文章，如何可得？所以在古代，確有一個時期，政治是社會上的重要現象；社會上的大事，確可以政治上的大事爲其代表；後世則久已不是這麼一回事了，而人們的見解，總還沿襲着舊時，把後世的政治，看得和小國寡民的時代一樣。譬如現在，我們看報，看人家往來的信札，往往敍述社會現象之後，總有「未知當局者何以善其後也」一類的話，其實考其內容，其事都絕非政治所能爲力的。然而這種見解，並不是不讀書，沒有見識的人才如此，卽號爲讀書明理的人，亦往往如此；其中少數傑出，能重視現實的人，雖明知其不然，然亦爲舊觀念所牽率，見之不能晶瑩；於是古代歷史偏重政治，後世亦就相沿不變了。這是社會科學上一個深切的弊病，現在議論起來，雖似乎大家能知其弊，到實際應用，又往往陰蹈之而不自知，怕一時很不容易徹底除去。

既然偏重政治，則偏重戰事，和過度崇拜英雄之弊，必相因而起。因爲戰事總是使政治發生顯著的變化的，而在政治上，軍事上能得到成功的人，亦總易被衆人認爲英雄之故。不錯，戰事確是能使社會起重大的變化的。然而要明白一件事，總得能知其原因結果，然後可謂之眞明白。舊史所記的戰事，往往只是戰事而已，於其原因如何，結果如何，都茫無所及。（註五）此等記載，試問知之竟何所用？「英雄造時勢，時勢造英雄，」這兩句話，到現在，還有視爲難於論定的。其實所謂英雄，不過善於利用時勢而已。一個社會，到危急存亡的時候，能否有英雄出來，全看這社會的情形如何，如能否造就英雄？有英雄，能否大家崇拜他，聽他的指揮？把反對他的人壓伏下去？這些，都是英雄能否出現的條件，而決不是有無這樣的人出生與否的問題，這是明白無疑的事。英雄造時勢一語，如何能與時勢造英雄並列呢？過分偏重軍事，則易把和平時代跳過了，如講生物學的人，只知道突變而不知道漸變，這個能算懂得生物學

註五　便是對於戰事勝敗的原因，結果，亦往往說不出來。

應過分崇拜英雄，則易於發生「利人濟物非吾事，自有周公孔聖人」「嘯吟風月天容我，整頓乾坤世有人」的思想。大家覺得只要有一個英雄出來，就一切問題都解決了，而忘卻自己應負的責任。其肯負一些責任的，又容易模倣不適宜於時代的人物，甚而至於妄自尊大，陷於誇大狂的樣子。

還有，借歷史以激勵愛國家愛民族之心，用之太過亦有弊。不錯，愛國家，愛民族，是確有其理的；而借歷史以激勵愛國家、愛民族之心，亦確是一個很好的辦法。然而天下事總有一個適當的限度，超過這限度，就不是眞理，而是出於矯揉造作的了，其事就不免有弊。這在歐洲，十九世紀後半期，各國的歷史，都不免有此弊，而德國爲尤甚。亞洲新興的日本，此弊亦頗甚。中國人偏狹之見，較之德、日等國，可謂相差甚遠，然亦不能絕無。中國人之有此弊，是起於宋以後的。民族主義，原因受異族的壓迫而起，中國自宋以後，受異族的壓迫，漸次深了，所以民族主義，亦漸次勃興，這固是題中應有之義。然感情與理性，須相輔而行，偏重感情，抹殺理性，就糟了。如中國宋以後盲目的排外之論，是很足以僨事的。近代和西洋人交涉的初期，卽頗受其弊。而日本人在明治的初年，亦幾受其弊。幸而尊王攘夷之論，一轉而爲變法維新，否則日本在此時，可以激成很大的慘禍的，雖然不至於亡國。朝鮮國比日本小，而其受宋學末流的影響卻深，就竟爾暫時釀成亡國的慘禍了。大抵民族主義誤用的弊病有兩種。（一）是把本族看得過高，如德、日兩國，卽犯此弊。（二）則把異族看得太低，如中國人總說蠻夷不知禮義，甚至比之於犬羊便是。這兩者之弊，都由昧於事實的眞相而起。昧於事實的眞相，惟有求明事實的眞相，可以救之。所以由矯揉造作的歷史所致之弊，惟有用眞正的歷史，可以做他對證的藥。

還有，借歷史以維持道德的觀念，也是有流弊的。這又可分爲兩種：其一、借歷史以維持社會的正義，如朱子編通鑑綱目，借書法以示褒貶，（註六）後人又爲之發明，

註六　書法是借一種記事的筆法，以表示對於其事的褒貶的。如某人罷官，罷得不得當的，則書曰罷某官某；如其人咎有應得的，則削去官名，但書某罷；如無好無壞的，則書某官某罷。

對於歷史上的人物事跡，一一加以批評是。其二、則借此激勵讀史者的修爲，如昔人編纂名臣和名儒的言行錄等，卽出於此動機。此二者，驟看亦似無甚弊病。然凡事都貴求眞，（一）歷史上的記載，先是不確實的；（二）卽使確實，而一件事情，關係極爲複雜，亦斷非但據其表面所能論定；而此等史事的批評家，往往僅據往史表面上的記錄，其結果，多不免於迂腐或浮淺，就不徒無益於求眞，而反足爲求眞之累了。

還有一事，在西洋受病頗深，中國卻無其弊，那便是借歷史以維護宗教。在西洋，所謂中世時代，歷史幾乎做了宗教的工具。是宗教事件則詳，非宗教事件則略，而其所評論，亦多數是用的宗教家的眼光。這不但舊教，卽新教亦未嘗不如此，而且兩教都利用歷史，以爲攻擊的武器。中國亦未嘗沒有教中國人所作的歷史，如佛家所記的釋迦本行，高僧事跡之類，然大家都只當他宗教中的書籍看，不把他當作歷史，所以不受其害。還有一種，竟無好好的歷史，而歷史事跡，都依附宗教書籍以傳之國，如印度、西藏等，那其受病之深，更不言而喻了。

還有，存着一種以史事爲法戒，即所謂前車之鑒的見解，亦足使史學深受其弊的，其說已見第一章。

## 第五第　現代史學家的宗旨

往史之弊既如此，所以救其弊者，又將如何？

不論什麼事情，總是發生在一定的環境之內的，如其不知道他的環境，這件事，就全無意義了。現在試舉一個例。從前漢朝時候，有一個名將，喚做韓信。他有一次和敵人打仗，把自己的兵，排在水邊上，背對着水，這就是所謂背水陣，是犯兵家之忌的，因爲沒有退路了。後來竟打了勝仗。人家問他。他說：「這亦在兵法上，不過你們不留意罷了。兵法上不是有一句：置之死地而後生麼？我所用的兵，不是訓練慣，統帶慣的，乃是臨時聚集來的烏合之衆，這和走到市集上，把許多趕集的人，聚攏來，使之作戰一樣，不是置之死地，人人要想自己救命，誰肯出力死戰呢？」這是一件事。明朝時候，又有一個名將，喚做戚繼光。他練兵最認眞。著有一部書，喚做練兵實紀，對於練兵的法子，說得很詳盡。清朝的曾國藩，本來是個書生，不懂得練兵的，他初出來練鄉勇，就靠這一部書，做藍本，訂定一切規則，可見他這部書，對於練兵的方法說述的詳盡，也可見得他對於練兵的認眞了。相傳當他檢閱時，適逢大雨，他的兵，都能植立雨中，一步也不移動，可見他訓練之效。他所以南征北討，所向有功，絕非偶然了。這又是一件事。兩件事恰恰相反。在看重戰術的人，一定說韓信的將才，在戚繼光之上，能不擇兵卒而用之；在注重訓練的人，則又要說韓信的戰勝，只是僥倖；其實都不其然，韓信生在漢初，承戰國時代之後。戰國時代，本來是舉國皆兵的，所以在秦、漢之世，賈人，贅壻，閭左，（註一）發出去都可充兵。韓信所用的兵，雖說沒有經他訓練過，然戰爭的教育，

註一　這亦是當時所謂謫發、謫戍。謫是譴謫的意思，發有罪的人出去作戰，謂之謫發；發出去戍守，謂之謫戍。賈人、贅壻，都不能算有罪，然漢時亦在七[illegible]謫之列，那不過因當時重農賤商，贅壻大概是沒有田產的，發他們出去當兵，免得擾累農民罷了。閭左，謂一條街巷的左半段。這是要發一條街巷裏居民的一半去當兵，而古者地道尊右，把右邊算上首，所以發其左半的人出去，秦時曾有此事。

是本來受過的對於戰鬥的技藝，人人嫻習，所以只要置之死地，就能夠人自爲戰。戚繼光時代，則中國統一已久，人民全不知兵，對於戰鬥的技藝，一無所知。若不加以訓練，置之活地，尙不能與敵人作戰，何況置之死地呢？若使之背水爲陳，非斃於敵人鋒鏑之下，就要被驅入水了。所以韓信和戚繼光的事，看似相反，而實則相成，若非知其環境，就無從了解其眞相了。況且事實原因環境而生，若不知其環境，對於事實的性質，必也茫無所知，更何論了解其經過。然則對於史事，安可不知其環境呢？

然而我們現在，對於任何史事，總不能十分明白其環境，這是什麼理由？這自然是由於記載的缺乏了。記載爲什麼會缺乏呢？難道向來史家，對於不知環境則不能明白其事件的眞相的道理，都不知道麼？不，須知「常事不書」，爲秉筆者的公例。我們現在，雖追恨古人，敍述一事件時，不把他的環境，說述淸楚，以致我們不能了解，然使我們執筆爲之，恐亦不免此弊；即使力求避免，其與古人，亦不過程度之差而已；將來讀書的人，還不免要追怨着我們。這是因爲著書的人，總得假定若干事實，爲讀者所已知而不必加以敍述，如其不然，就要千頭萬緒，無從下筆了。你天天記日記麼？一個朋友，忽而今天來看你；你今天忽而想到去做一件不在豫算範圍內的事情；這自然要記出來的。學校中的課程，個個星期是一樣；吃飯、睡覺，天天是一樣；那就決無逐日記載之理，至多每學期開學之初，把課程表抄一份在日記裏，以後每逢變動時，再加以記載；初記日記時，把吃飯和睡覺的時刻，記下一筆，以後則逢一頓宴會，一夜失眠等事，再加以記載罷了。這就是所謂常事不書，是秉筆者不得不然的。然而社會的變遷，雖然看不見，卻無一息不在進行之中。雖其進行無一息之停，卻又「正明目而視之，不可得而見，傾耳而聽之，不可得而聞，」正和太陽影子的移動，沒人看得見一樣。然而隔着一個時間再去看，就移動了許多了。社會的變遷，亦是如此，必須隔若干年代，然後看得出。然而人壽太短，所以除非生於劇變時代的人，總不覺得他有多大的變動。尋常人所覺得的變動，總是聽見父輩、祖父輩，甚或是曾、高祖父輩的人所說的，這種說述的人，尙或出於傳聞而不是親見，如此，在感情上，自然不甚親切；而且這些零碎的事實，不能通其前後而觀之，則亦不過是一個一個小小的變動而已，並不覺得如何驚心動魄；把他記載下來的人，自然少了，隔了較長遠的時代，再把今昔的社會，一加比較，固然也覺得他有很大的不同，然而變遷的時代，業已相離很遠，無從知其因變遷生出來的影響，自更無人注意及之了。所以社會的變遷，我們所知道的，怕不過百之一二，對於任何時代的情形，我們都是茫然，自然對於任何事件的環境，我們都不明白了。

不知環境，對於任何事情總是不能明白的，以致對於任何時代，亦都不能明白，這卻如何是好呢？所以現在的史學家最重要的事情，就是「再造已往。」何謂再造已往呢？那就是已往的時代，雖然已往了，我們卻要綜合各方面，使其時代的情形，大略復見於眼前。史事有「特殊事實」和「一般狀況」之分。對於特殊事實普通的見解，總以為時代愈接近的人，則知之愈真切，其實不然。這許多事情往往要隔了一個相當的時期，然後漸明；再隔了一個較長的時期，然後大白的。因為許多事情，都有其內幕，而其內幕，在當時總是祕密的。局中人固不肯宣洩，更不能宣洩；局外人既不能宣洩，亦或不肯宣洩；必隔了一個時期，其材料才得出現。而且局中人無論矣，卽局外人，亦免不了利害和感情上的關係，其見解總不能平允，見解既不能平允，自然所述不能眞實，亦必隔了一個時期，此等關係，漸成過去，其所傳的材料，方能眞確。又有許多事情，其內幕是永不宣洩的，所謂如何如何，只是後人據其外形，參以原因、結果，推測而得，這亦非待至事後各方面的材料大略出現之後，無從推測。這種便利，都是當時的人，或其時代較爲接近的人所沒有的：所以特殊事實，看似當時的人，最爲明白；時間愈接近的人，則愈明白；其實適得其反。我們來談唐、宋、元、明時代的特殊事實，必有一部分非其時之人所知；將來的人，談現在的歷史，亦必有一部分非我們所能及。至於一般狀況則不然，現在的上海，物質生活是怎樣？人情風俗是怎樣？將來的人，無論是怎樣一個專家，對於現在的上海，無論研究得如何精密，其了解的深切，總還不如現在久居上海的一個無甚知識的人。固然，他或有種種知識，爲現在的老上海所不及的，然這只是多知道了若干零碎的事實，對於現在整個上海的性質的了解，決出於現在所謂老上海者之下。若使現在的上海，而發生了一件特殊的事情，使將來的專家，和現在的老上海，同來猜想其原因，逆料其結果，將來專家的所言，決不如現在老上海之近理。所以以當時的人，了解當時的事，只是苦於事實的眞相，不能盡知，如其知之，則其了解之程度，必出於異時人之上。這就是再造已往之所以要緊。

已往者已往矣，何法使之再現？難道能用奇祕的攝影術，使古事再見；奇祕的收音機，使古語可聞麼？照尋常人想來，除非用現代的有聲電影，可以把現代的情形，留起若干來，給後人知道，已往的事，是決然無法的了，其實不然。所謂一般狀況，乃是綜合各種事情而推想出來的。並不是指某一個人或某一件事。若專指一人一事，那又是特殊事實了，我們現在，有許多前人所遺留下來的重大的特殊事件，尚且不能了解其時的社會，何況但保存一二瑣屑的事情呢？若說我們保存得多，則豈能把現代的情形，一一保存下來？還不過和前人一樣，假定若干事物爲後人所能知，則置諸不論不議之列，其爲我們所逆料，以爲將來之人將不能、知之事，則保存一二罷了。此與前人之所爲，亦何以異？至多以五十步笑百步而已。所以要以現代人之所爲，省卻將來的人蒐輯、推測之勞，決無其事。而史家的能力，就是在於蒐輯、推測的。倘使能蒐輯、推測，前代的情形，雖然已成過去，仍有使之再見到某程度的可能。我們現在所苦的，乃是這種材料之少，而無從據之以資推測，然此種材料雖少，我們所用的蒐輯的工夫，怕比他更少。況且我們於現存材料之外，還有發見新材料的可能。

所以現代史學上的格言，是「求狀況非求事實。」這不是不重事實，狀況原是靠事實然後明白的，所以異於昔人的，只是所求者爲「足以使某時代，某地方一般狀況可藉以明白的事實，」而不是無意義的事實而已。所以有許多事情，昔人視爲重要，我們現在看起來，倒是無關重要，而可以删除的。有許多事情，昔人視爲不重要，不加記載，不過因他事而附見的，我們現在看來，倒是極關重要的，要注意加以蒐輯，上章所述的裹蒸和起麵餅，似乎就是一個例子。所以求狀況的格言，是「重常人，重常事，」常人、常事是風化，特殊的人所做的特殊的事是山崩。不知道風化，決不能知道山崩的所以然，如其知道了風化，則山崩只是當然的結果。

蒐輯特殊事實，以求明瞭一般狀況，這是很難有刻板的方法可說的。大致說起來，亦不外乎所知者博，則所測者確，所以蒐輯是最緊要的事。所蒐輯的材料，大致說起來，亦可分爲物質狀況和社會狀況二者。譬如古代的地理，和現在不同，就是自然狀況有異，（註二）住宅、道路等亦然。又如考校某時代的學術思想如何，便可推測其時的士大夫，對於某種政治上的事件，懷抱何種感想？若再博考其時平民社會的情形，則又可推測其時的老百姓，對國事的態度如何？既知道士大夫和老百姓對待國事的態度，就可解釋其時政治上某種事件，當局者何以要取某種措置的理由，并可評論其得失。這是舉一端爲例，其餘可以類推。「折戟沈沙鐵未銷，自將磨洗認前

註二　譬如古代的長江，比現在闊，所以南北戰爭，長江爲天險的性質較後世爲甚。

朝，」知道古今兵器之不同，則其戰術的不同，亦只是當然的結果，如風化之於山崩而已。

# 第六章　作史的方法

作史，似乎是研究歷史的人所談不到的，然而現在的歷史，正在要重作之中，惟其知道作史的方法，才能知道研究的方法，所以作史的方法，也不可以不一談。

歷史該怎樣作法呢？那在理論上是無疑義的。第一、當先蒐集材料。第二、當就所蒐集得的材料，加以考訂，使其正確。然後第三、可以着手編纂。

史事的要蒐輯、訂正，是永無窮期的。外行的人，往往以為「歷史的材料，是一成不變的。至多（一）有新發見的事實，加一些進去；（二）舊材料不完全，不正確的，被發見了，則加以補充，加以訂正；如此而已。這兩者都不能多，所以歷史的材料，從大體上可以說是固定的，無甚變動。」這種見解，其實是錯誤的。歷史上的年代，如此之長，事實如此之多，卽使我們所蒐輯的範圍，和從前人一樣，亦不易有完備之日。何況研究的範圍，是時時變動的，無論你方法如何謹嚴，如何自許為客觀，入於研究範圍之內的，總是反映着其時代所需要。一物有多少相，是沒有一定的，有多少人看，就有多少相，（註一）看的人沒有了，就相也沒有了。哲學家說：「世界上沒有兩件相同的東西，因為至少他所佔的時間或空間是兩樣。」然則以不同地域、不同時代的人，看起歷史上的事件來，其觀點如何會相同？觀點不同，其所見者，亦自然不同；所覺得要補充，要刪除的，自亦隨之而異了。所以史學一日不息，蒐輯之功，亦即一日而不息。這話或者說得太玄妙些，然即使淺而言之，現代各種科學勃興，我們從前不甚注意，不甚了解的事實，現在知其重要的何限？豈能屏諸研究範圍之外？然則史學的範圍，安得而不擴充？範圍擴充，蒐輯的工作，安能不隨之而增加呢？科學的進步，永無止境，史家蒐輯的工作，自亦隨之而無窮了。至於訂正，則從前人的記載錯誤的，見解不正確

註一　因為沒有兩個看，能佔同一的空間與時間。

的，淺而言之，卽隨處可見。此等或可說：終有訂正至正確的一日，而有的或竟無法可想了，則訂正亦似有窮期。其實亦不然。眞正客觀的事實，是世界上所沒有的。眞正客觀的事實，只是一個一個絕不相聯屬之感覺，和做影戲所用的片子一般，不把他聯屬起來，試問有何意義？豈復成爲事實？所謂事實，總是合許多小情節而成，而其所謂小情節，又是合許多更小的情節而成，如是遞推，至於最小，仍是如此。其能成爲事實，總是我們用主觀的意見，把他聯屬起來的。如此，世界上安有眞客觀的事實？既非客觀，安得云無變動？這話或者又說得太玄妙些，然而一件事實的眞相，不但限於其外形，總得推見其內部，這總是人人可以承認的，如此，則因社會狀況的不同，人心的觀念，卽隨之而變，觀念既變，看得事情的眞相，亦就不同了。（註二）史事的訂正，又安有

註二　譬如在從前尊信士大夫階級的時代，看歷史上的黨爭，或以爲一方面確係君子，一方面實屬小人；或以爲兩方面都係君子，出於誤會。到現在，知道了階級的性質，就知道無論那一方，不會全是君子，其中眞爲國家、社會起見的，總不過是極少數人了。

窮期呢？蒐輯永無窮期，訂正永無窮期，歷史的當改作，卽已永無窮期，何况歷史不是蒐輯、考訂了便算了事的，還要編纂成功，給大家看，而看的人的需要，又是隨時不同的，然則歷史安得不永遠在重作之中呢？

以上所說的，都是原理，以下且談些具體的方法。

蒐輯的對象，當分為書本和非書本二者。非書本之物：卽（一）人類的遺骸，（二）古物，（三）法俗，已如第三章所述。此當隨時蒐輯，其最重要的來源，為（一）考古學上的發見，及（二）各種新調查。這二者，在現在的中國，材料還不多，我們只能儘其所有，充分的加以利用。書本上的材料，則可謂汗牛充棟。一個人的研究，總有一個範圍，（註三）在範圍內的材料，自然有一個限度。但這種材料，很難斷定某一部書內沒有，於是每研究一個題目，就非把所有的書看遍，或看其十之七八不可，此豈人力

---

註三　如劃定時間，地域，或擇取某一事件等。

所能及？從來著書的人，無論如何勤苦，怕也沒人敢說：材料的蒐輯，業已一無遺漏或者十得八九的。然而考證上的事情，往往多一條證據，少一條證據，（註四）事相即爲之大變，材料的蒐輯，不能完全，總是史學家一個遺憾。然則如之何呢？絕對的理論上的完備，自然是不可能的，然亦總得盡我們之力，做到大體上沒有遺憾的地位。如此說來，則我覺得史料彙編，在今日實爲當務之急。所謂史料彙編，便是把每一個題目，（註五）遍覽羣書，把其中有關係的，都抄錄下來，註明篇名卷數或頁數，及所據的版本。（註六）此自非一二人之力所及，當集羣力，以大規模的組織行之。此即昔人編纂類書之法。中國歷代，多有大類書的編纂。（註七）這能替研究學問的人，把他所需要

註四　如發見不足信的材料，抽去一條。

註五　無論其爲時間別，地域別，或擇取某事件。

註六　不同的刻本，須互相校勘，見於類書或他書所徵引者亦然，所以又涉及校讎問題。

註七　從魏朝的皇覽，到清朝的圖書集成。

的材料，彙集在一處，省卻他自行蒐輯之勞，所省下來的工夫，就可用之於研究上了，其用意實爲最善，惜乎其所編纂的，都不甚佳而已。（註八）在現代，實在各種學問，都當以此法行之，而史家相須爲尤急。（註九）編纂史料彙編，當用前人作史抄的方法。所謂史抄，是把從前人的著作，依着我所定的條理系統，抄集下來的。不改動原文。但遇兩書材料相同的，則去其重複，然亦仍須註明。（註十）有須刪節處，亦須註明刪節。總使人家看起來，和看原書一樣。爲什麼必要用這種體例呢？那是因爲讀史總要據原始材料的；而且有許多地方，史事的眞相，就是據字句推勘而得；所以字句一有變動，又要生出一番校勘之勞，這個殊不犯着，所以要一概照抄，如有意見，則另註於下。

註八　因爲私人之力不及，而官修之書，又每不盡善。

註九　論整理國故的人，總說舊學術要算一筆總帳，編類書亦是算總帳最好的法子。

註十　如史記與漢書，宋、齊、梁、陳、魏、周、隋書與南北史是。有一字的異同，亦須註明，無之則但註某書某篇同。

善用這種體例的，亦可以成爲著作，如馬驌的繹史，便是一個例子。(註十一)此種書籍，能合羣力爲大規模的編纂固佳，卽私人亦未嘗不可爲。那便是：（一）擇定一個題目，罄畢生之力而爲之，盡其所能，做到什麼地步是什麼地步，其未竟之緒，則留待後人賡續。（二）或者選定若干部書，把他分門別類的，抄撮起來，抄得幾部是幾部。這種辦法，對於一個題目，固然極不完全，然使各種書籍，都有人抄，而所定的門類，又大致相等，(註十二)則合而觀之，亦不啻一完備的史料彙編了。駁我的人要說道：「彰明較著，一望而知爲與某題目有關係的材料，固然可以集衆或由有志的人彙抄。然而史學的進步，總是從衆所不能見，卽置之眼前，亦不能知其有何關係的材料中得來的，此豈非專家所能着手？」這話固然不錯。然此乃無可如何之事。彙抄之作，原只能省衆所共見的材料的蒐輯，然把這種工夫，替研究者省下來，所得業已不少。外國學

註十一　羅泌的路史，材料實較繹史爲豐富而可貴，如用繹史的體例作成，當更可貴。

註十二　如能劃一，自然更好，但恐不易辦到，卽亦不必勉强。

者著書，往往有延聘助手，代其蒐輯材料的，就是爲此。何況專家新發明新訂正的史料，我們亦可分類抄撮呢？

考訂史事的方法；外形上記載的同異，是容易見得的，只要蒐輯得完備，校勘得精細。但現在所當致力的，殊不限於此。大抵原始的史料，總是從見聞而來的，傳聞的不足信，人人能言之其實親見者亦何嘗可信？人的觀察，本來容易錯誤的。即使不誤，而所見的事情，稍縱卽逝，到記載的時候，總是根據記憶寫出來的，而記憶的易誤，又是顯而易見的。況且所看見的，總是許多斷片，其能成爲一件事情，總是以意聯屬起來的，這已經攙入很大的主觀的成分。何況還有沒看見或忘掉的地方，不免以意補綴呢？這種錯誤，是無論何人，不能免掉的，如其要免掉，那就世界上沒有史事了。這還是得之於見的，其得之於聞的，則傳述者又把這些錯誤，一一加入。傳述多一次，則其錯誤增加一次。事情經過多次傳述就無意間把不近情理的情節删除或改動，而把有趣味的情節擴大起來。看似愈傳述愈詳盡，愈精彩，實則其不可信的成分愈多。這還是無意的，還有有意的作僞。那便是：（一）僞造假的事實，（二）抹殺眞的事實如清朝人的燒毀書籍，改作實錄，就是其例子。這是有所爲而爲之的，還有（三）無所爲而出於遊戲性質的。如東晉晚出的僞古文尙書，到底是何人所造，至今很難論定。程魚門晚書訂疑說他是遊戲的擬作，其說亦頗近情理，此說如確，就是一個很好的例子了。古今來的僞書，亦可說是汗牛充棟。辨僞之法，近人論者頗多，此書爲篇幅所限，不再詳述，以上所述，實在還都是粗淺的，若論其精微的，則憑你一意求眞，還是不能免於不確實，雖然你已小心到十二分。因爲人的心理，總有一個方向，總不能接受和這方向相反的事情。所以又有許多眞確而有價值的事情，爲你所視而不見，聽而不聞了。心理上這種細微的偏見，是沒有徹底免除的可能的；就要洗伐到相當的程度，也很不容易。讀文史通義的史德篇可見。史事的不足信如此，無怪史學家說：「歷史只是大家同意的故事」了。史學家爲求眞起見，在這上面，就得費掉很大的工夫。

史料的眞僞，鑒別得、考訂得覺其大體可信了，然後我們可進而批評史事。歷史上任何事件，把現在的眼光看起來，總覺得其不甚可信。明明是個大公無私的人，反說得他詐僞陰險（註十三）明明是件深曲隱蔽之事，說來反覺得其淺顯易明；這些眞是隨處可見。而只知其外表，不知其內容的，更不知凡幾。讀史者於此，往往模模糊糊，不加注意；或則人云亦云；其偶有所見的，又或痛詆古人的錯誤，其實此亦不然。一件事，所能看見的，總只是外形，其內容如何，總得由觀察者據着外形去推測。我們該盡我們考證之所能，推測之所至，盡量的把史事的眞相，闡發出來。不過推測總只是推測，不能逕認爲事實而已。在這一點上，昔人著述的體例，未盡善處很多，實有改良的必要。

歷史不但因時代而不同，其所懸擬的讀者，亦各不同。各種不同的讀者，而只供

---

註十三　如往史之於王莽，王安石。

給他一種書，是不很適宜的。（註十四）就供給一種人看的歷史，也應有幾種同時並行，以資參證；而作史者亦得各抒所見；這是於史學大有裨益的。其好壞，最好任人評論。從前功令，定某種書爲正經正史，使人把他的價值，看得特別高，這種辦法。頗不適宜。我們當袪除成見，平等相看，其信否的程度如何，一以我們按照嚴格的史學方法所評定者爲斷。

註十四　如資治通鑑，本意係供君主閱覽，以供平民閱覽；實不盡適宜。

# 第七章　研究歷史的方法

歷史的性質，及其發展的經過，和現在的觀點，都經大略明白了，那我們就可以進而談歷史的研究方法了。

現在要想研究歷史，其第一個條件，就是對於各種科學，先得要有一個常識。治史學的人，往往以爲社會科學，是緊要的，自然科學，則不甚重要，實亦不然。有許多道理，社會科學和自然科學，是相通的。如演變的觀念，若不知道生物學，就不能知道得眞確。又如治歷史，要追溯到先史時代，則史家對於地質學，豈能茫無所知？這是舉兩端爲例，其餘可以類推。所以治史學的人，對於現代的科學，都不能不略知大概。否則用力雖深，也和一二百年前的人無以異了，安足稱爲現代的學問家？固然，各種社會科學，如政治學、法律學、經濟學、人生哲學等，和史學的關係，更爲密切。然只能謂治史學者，對於此等學科，更須有超出常識以外的知識，而不能說此外諸學科，可以并常識而不具。現在再把治史學的人所宜特別加意的幾種學科，略說其關係如左：

治史學第一要留意的，就是社會學了。歷史是研究整個社會的變遷的，任何一種事件，用別種眼光去解釋，都只能得其一方面，惟社會學，才可謂能攬其全。而且社會的變遷發達，是有一定的程序的，其現象似乎不同，其原理則無以異。明白了社會進化的法則，然後對於每一事件，都能知其在進化的長途中所具有的意義；對於今後進化的途徑，自然也可以豫測幾分。如蠻族的風俗，昔人觀之，多以爲毫無價值，不加研究。用社會學的眼光看起來，則知道何種社會有何種需要，各種文化的價值，都是平等的，野蠻民族的文化，其爲重要，正和文明民族一樣。而且從野蠻時代看到文明時代，更可知道其變遷之所以然。所以我曾說：近代的西人，足跡所至既廣，他們又能尊重科學，爲好奇心所驅迫，對於各種蠻族的風俗，都能盡量加以研究，這個對於史學的裨益，實非淺鮮。因爲他在無意中，替我們把歷史的年代延長了，（註一）就是使我們的知識，加幾倍的廣博。這亦是舉一端為例，其餘可以類推。

把歷史的年代，延得更長的，就是考古學了。史學家說：「假定人類的出生，有二十四萬年，我們把一日設譬，則每小時要代表二萬年，每一分鐘要代表三百三十三年，最古的文化在十一點四十分時候才出現；希臘文化，離現在只有七分鐘；蒸汽機的發明，則只有半分鐘而已。所以通常所謂古人，覺得他和我們相離很遠的，其實只是同時代的人。」這種說法，所假定的人類出生的時期，為時頗短，若取普通的說法，很有加長一倍的可能，那我們歷史上的文化，更淺短得不足道了。然即此假定，亦已足以破除普通人的成見了。

自然科學中，對於歷史，關係最密切的，自然是地理學。這因為人類無一息之間，能不受自然的影響，而地理學是一切自然條件的總括。這種道理，在現今，是人人知

---

註一　現代蠻族的情形，和我們古代的情形相像，看了他，就可追想我們古代的情形了，所以說是歷史年代的延長。

道的，無待再說。但在歷史上，地理形勢，不必和現在相同，把現在的地理情形，去解釋史事，就要陷於誤謬了。所以治史學者，對於歷史地理，不能不有相當的知識。其中最重要的，就是要知道各時代地面上的情形和現在不同的，因以推知其時的地理及於其時人類的影響，和現在的不同。（註二）不可如從前人，但偏於兵事上的研究。

治史學的人，雖不是要做文學家，然對於文學，亦不可不有相當的了解。其中（一）是訓詁。這在治古史，是人人知其重要的，然實並不限於此。各時代有各時代的語言，又有其時的專門名詞，如魏、晉、南北朝史中之寧馨、是處、若爲，宋史中的推排、手實，稱提等都是。（註三）這些實該各有其專門的辭典。（二）文法，亦是如此。這個在古代，讀俞樾的古書疑義舉例可知，後世亦可以此推之。（三）普通的文學程度，

註二　錢君賓四，曾對我說，有意做這樣一部書，這是極緊要極好的事情，然此事恐不易成。

註三　寧馨猶言這個，是處猶言處處，若爲即如何的轉音。推排是查軋的意思，手實是按一定的條件，自行填注。稱提乃紙幣跌價，收回一部分，以提高其價格之意。

尤其要緊。必能達到普通的程度，然後讀書能夠確實了解，不致於隔膜、誤會。況且在古代，史學和文學關係較深，必能略知文學的風味，然後對於作史者的意旨，能夠領略。晚出古文尚書的辨僞，可謂近代學術界上的一大公案。最初懷疑的朱子，就是從文學上悟入的。他說：「今文尚書，多數佶屈聱牙，古文尚書，則無不平順易解，如何伏生專忘掉其易解，而記得其難解的呢？」清朝的閻若璩，可說是第一個用客觀方法，辨古文尚書之僞的人，到他出來之後，古文尚書之爲僞作，就無復辨解的餘地了，而他所著的古文尚書疏證中有一條，據胤征篇的「每歲孟春」句，說古書中無用每字的，因此斷定其爲魏、晉後人的僞作。宋朝的王應麟，輯魯、齊、韓三家詩，只輯得一薄本，清朝的陳喬樅所輯得的，卻比他加出十倍。陳喬樅的時代，後於王應麟，有好幾百年，只有王應麟時代有的書，陳喬樅時代沒有，不會有陳喬樅時代有的書，王應麟時代沒有的，巧婦難爲無米之炊，陳喬樅有何異術，而能所得的十倍於王應麟呢？那是由於古書有一種義例，爲陳喬樅所知，而王應麟所不知。原來自西漢的今文經學以前，學術的傳授，都是所謂專門之學要謹守師法的。（註四）所以師徒數代相傳，所說的話，都是一樣。我們（一）固可因歷史上說明甲係治某種學問，而因甲所說的話，以輯得某種學問的佚文，（二）幷可以因乙所說的話，和甲相同，而知道乙亦係治某種學問。如是再推之於丙、丁等等，其所得的，自非王應麟所能及了。然則甲、乙、丙、丁等所說的話的相同，並不是各有所見，而所見者相同，還只是甲一個人所說的話，我們治古史，搜羅證據，並不能因某一種說法，主張者多，就以為同意者多，證據堅強，這亦是通知古書義例，有益於史學的一個證據。

講學問固不宜豫設成見，然亦有種重要的觀念，在治此學以前，不可不先知道的，否則就茫無把握了。這種重要的觀念，原只是入手時的一個依傍，並沒叫你終身死守着他，一句不許背叛。現在就史學上的重要觀念，我所認為讀史之先，應該豫先

---

註四　這所謂專門之學，與現在所謂專門之學，意義不同，非以學問的性質分，而以其派別分。

知道的，略說幾條如左：

其中第一緊要的，是要知道史事是進化的，打破昔人循環之見。有生命之物，所以異於無生物；人所以特異於他種生物；就在進化這一點上。固然，世界上無物不在進化之中，但他種物事，其進化較遲，在一定的時期中，假定他是不變的，或者尚無大害。人類的進化，則是最快的，每一變動，必然較從前有進步，（註五）這種現象，實在隨處可見。然人類往往為成見所蔽，對於這種眞理，不能了解。尤其在中國，循環的觀念，入人甚深。古人這種觀念，大概係由觀察晝夜、寒暑等自然現象而得，因為此等現象，對於人生，尤其是農、牧民族，相關最切。這其中，固亦含有一部分的眞理，然把他適用於人類社會，就差了。粒食的民族，幾曾見其復返於飲血茹毛？黑格爾的哲學，徒逞玄想，根腳並不確實；而且不免偏狹之見；有何足取？然終不能不推為歷史哲學的大家，

註五　有時看係退步，然實係進步所走的曲綫。

而且能爲馬克斯的先導，就是因爲他對於歷史是進化的的見解發揮得透澈呀

第二、馬克斯以經濟爲社會的基礎之說，不可以不知道。社會是整個的，任何現象，必與其餘一切現象都有關係，這話看似玄妙，其實是容易明白的，佛家所說的「帝網重重，」就是此理。（註六）然關係必有親疏，（註七）影響亦分大小。地球上受星光之熱亦不少，豈能把星光的重要，看作和太陽光相等？把一切有關係的事，都看得其關係相等，就茫然無所了解，等於不知事物相互的關係了。如此，則以物質爲基礎，以經濟現象爲社會最重要的條件，而把他種現象看作依附於其上的上層建築，對於史事的了解，實在是有很大的幫助的。但能平心觀察，其理自明。

第三、近代西洋科學和物質文明的發達，對於史事是大有影響的。人類最親切

註六　帝字是自然的意思，帝網重重，猶言每一現象，在自然法中，總受其餘一切現象的束縛，佛家又以一室中同時有許多燈光，光光相入設譬，亦是此意。

註七　親疏，就是直接，間接。

的環境，使人感覺其苦樂最甚的，實在是社會環境，這固然是事實，然而物質環境，既然是社會組織的基礎，則其有所變動，影響之大，自更不容否認，在基礎無甚變動時，上層建築，亦陳陳相因，人生其間的，不覺得環境有何變動，因亦認爲環境不能使之變動，於是「世界是不變的，」「卽有變動，亦是循環的；」「一切道理，古人都已發見了；」「世界永遠不過如此，無法使之大進步，因而沒有徹底改良的希望；」這種見解，就要相因而至，牢不可破了。科學發達了，物質文明進步了，就給這種觀念以一個大打擊。惟物質文明發達，而人類制馭自然之力始強，人才覺得環境可以改變；且可用人類的力量使之改變，人類因限於物質所受的種種苦痛，才覺得其有解除的可能。惟物質文明發達，而社會的組織，亦隨之而大變，人才覺得社會的組織亦是可變的，且亦可以用人類的力量，使之改變的。又因物質文明進步所招致的社會變遷，使一部份人大感其痛苦，人才覺得社會實有加以改革的必要。惟物質文明發達，才能大變交通的情形，合全球爲一家，使種種文化不同的人類，合同而化。惟科學發達，人才不爲淺短的應用主義所限，而知道爲學問而學問的可貴而爲學問而學問的結果，則能有更精深的造詣，使人類的知識增加，而制馭事物之力，亦更因之而加強。人類的觀念，畢竟是隨着事物而變的。少所見多所怪的人，總以爲西洋和東洋，有多大的差異，聞見較廣的人，就不然了，試將數十年以前的人對於外國的見解，和現在人的見解，加以比較便知。然不知歷史的人，總還以爲這小小的差異，自古卽然，知道歷史的人，見解就又不同了。西洋現在風俗，異於中國的，實從工業革命而來，如其富於組織力，如其溺於個人的成功都是，前乎此，其根本的觀念，原是無大異同的。所以近代西洋科學及物質文明的發達，實在是通於全世界劃時期的一個大變。

第四、崇古觀念的由來，及其利弊，亦不可不加以研究的。人人都說：中國人崇古之念太深，幾以爲中國人獨有之弊，其實不然。西洋人進化的觀念，亦不過自近世以來。前乎此，其視遂古爲黃金時代；其謂一切眞理，皆爲古人所已發見；亦與中國同。而且不但歐洲，世界上任何民族，幾乎都有一個遂古爲黃金時代的傳說，這是什麼理由呢？崇古的弊病，是很容易見得的。民國三十四年之後，只會有三十五年，決不會有三十三年，然而三十四年的人，是只會知道三十三年以前，決不會知道三十五年以後的。所以世界刻刻在發展出新局面來，而人之所以應付之者，總只是一個舊辦法。我們所以永遠趕不上時代，而多少總有些落伍，就是爲此。這固然是無可如何的事，然使我們沒有深厚的崇古觀念，不要一切都以古人的是非爲標準；不要一切都向從前想，以致養成薄今愛古的感情，致理智爲其所蔽；總要好得許多。然而人卻通有這種弊病。這是什麼理由呢？難道崇古是人類的天性麼？不，決不。人類的所以崇古，是有一個很深遠的原因的。人類最親切的環境是社會環境，使人直接感覺其苦樂，前文業經說過了。在邃古之世，人類的社會組織，是良好過來的，此時的社會環境，亦極良好。後來因要求制馭自然的力量加強，不得不合併諸小社會而成爲大社會，而當其合併之際，沒有能好好的隨時加以組織，於是人類制馭自然之力，逐步加強，而其社會組織，亦逐步變壞，人生其間的，所感覺的苦痛，亦就逐步加深了。人類社會良好的組織，可以說自原始的公產社會破壞以來，迄未恢復。而其從前曾經良好的一種甜蜜的回憶，亦久而久之，未曾忘掉。於是大家都覺得邃古之世，是一個黃金時代，雖然其對於邃古的情形，並不淸楚。這便是崇古主義的由來。是萬人所共欲之事，終必有實現的一日的，雖然現在還受着阻礙。明乎此，則知今日正處於大變動的時代之中，但其所謂變動，必以更高的形式而出現，而非如復古主義者之所想像，這便是進化的道理。

以上所述，自然不免挂一漏萬，然而最重要的觀念，似亦略具於此了。社會科學，直至今日，實在本身並沒有發見甚麼法則。一切重要觀念，多是從自然科學中借貸而來的。（註八）前敍循環等觀念，根本是從觀察無生物得來的無論矣，近代借徑於生物學等，似乎比古人進步了，然亦仍有其不適用之處。無論其爲動物，爲人，其個體

註八　並非說全沒有，但只是零碎的描寫，沒有能構成條理系統。

總係有機體，而社會則係超機體，有機體的條例，亦是不能適用於超機體的，如人不能恆動不息，所以一動之後，必繼之以一靜，社會則可以這一部分休息，那一部分換班工作，所以一個機關，可以永不停滯，這便是一個例。所謂社會科學，非從感情上希望其能夠如何，更非從道德上規定其應當如何，而是把社會的本身作爲研究的對象，發見其本身是如何，可以如何的問題。這便是第一章所說的學，而指導其應該如何，何則只是第一章中所說的術。術是要從學生出來的，而我們自古至今，對於社會的學，實在沒眞明白過，所以其所謂術，也從來不能得當。一般對於社會的議論，非希望其能夠如何，則斥責其不當如何，熱情坌涌，而其目的都不能達到，如說食之不能獲飽，試問竟有何益？社會學家說得好：「社會上一切事都是合理的，只是我們沒有懂得他的理，」這話深堪反省。努力研究社會，從其本身，發見種種法則，實在是目前一件最爲緊要的事，而這件事和史學極有關係，而且非取資於史學，是無從達其目的的，這便是史學的最大任務。

人的性質，有專門家和通才之分。在史學上，前者宜爲專門史家，後者宜爲普通史家。人固宜善用其所長，然亦不可不自救其所短，專門家每缺於普遍的知識，所發出來的議論，往往會荒謬可笑。這是因爲一種現象的影響，只能達到一定的限度，而專門家把他看得超過其限度之故。普通史家，自無此弊，然普通史的任務，在於綜合各方面，看出一時代一地域中的眞相，其所綜合的基礎必極確實而後可，如專門的知識太乏，又不免有基礎不確實的危險。所以治史學者，雖宜就其性之所長而努力，又宜時時留意矯正自己的所短，這亦不可不知。

讀歷史的利益何在呢？讀了歷史，才會有革命思想。這話怎樣講呢？那就是讀了歷史，才知道人類社會，有進化的道理。從前的人，誤以爲讀了歷史，才知道既往，才可爲將來辦事的準則，於是把歷史來作爲守舊的護符，這是誤用了歷史的。若眞知道歷史，便知道世界上無一事不在變遷進化之中，雖有大力，莫之能阻了。所以歷史是維新的證佐，不是守舊的護符。惟知道歷史，才知道應走的路；才知道自己所處的地位；所當盡的責任。

有人說：「歷史上的因果關係，是很複雜的，怕非普通人所能明白，而普通的人對於歷史，也不會感覺興味。」這話亦不盡然。今日史事的所以難明，有些實在由於因果關係的誤認。譬如政治久已不是社會的原動力了，有些人卻偏要說：國家的治亂興亡，全由於政府中幾個人措置的得失，這種似是而非的話，如何能使人了解？如其是眞實的：「現代機械的發明，到底足以使人的生活變更否？」「機械發明之後，經濟組織，能否不隨之而起變化？」「資本主義能否不發達而爲帝國主義？」「這種重大的變化，對於人類的苦樂如何？」「現在的社會，能不革命否？」這些看似複雜，而逐層推勘，其實是容易明白的，何至於不能了解？都是和生活極有關係，極切近的事情，何至於沒有興味？

范泉主編

**青年知識文庫**

第一輯共二十集



本書實價500元

中華民國三十四年五月初版



# 歷史研究法

呂思勉著

發行人 陳安鎮

發行者 永祥印書館
上海福州路三八〇號

印刷者 永祥印書館印刷廠
上海山東路二二八弄二七號

國學小叢書

# 中國文字變遷考

呂思勉著

商務印書館發行

國學小叢書

# 中國文字變遷考

著者 呂思勉
編輯主幹 王岫廬

商務印書館發行

# 中國文字變遷考

## 目次

# 中國文字變遷考

## 第一章　文字變遷之理

文字變遷，其途甚多。今音古音，截然不同，此音之變也。今義古義，釐然各別，此義之變也。至於同一字也，而其構造不同，（如奇字之无，篆文之霖，構造絕不相蒙是）或筆畫體勢有異，（如篆取圓筆，隸取方筆；又如今人作正書，筆畫或圓或方，結體或長或扁，初無一定；而作刻板書之宋體字者，則筆畫無不平直，結構率皆正方是）此則形體之變。音義皆無迹可見；今音既出，古音遂亡；今義既行，古義旋晦。不知文字之學者，每執今音今義，謂古音古義，卽系如此。夫且不知古今音義之異，自無從知其有變遷矣。惟字形則有迹可徵；稍一搜考，今古之異，卽可立見。此世之言文字變遷者，所以不數音義，而專舉字形之變以當之也。

一事之成與變，皆有其所以然之故。其成也，大抵因衆所共須，無形之中，合力創造，積累而成。其變也，則出於事勢之遷流，雖有大力，莫之能遏。夫其變也，如日之西，如水之東；無一息之停，而人莫之覺。及其久而回顧焉，則判然若二物矣。近人王國維史籀篇疏證敘錄云自其變者而觀之則文字不獨因時地而異即同時同地亦復不同故有一篇之書而前後異文一人之作而器蓋殊字自其不變者而觀之則文字之形與勢皆以漸變凡既有文字之國未有能以一人之力創造一體者許氏謂史籀大篆與古文或異則不異者固多即所謂異者亦由後人觀之在作書時亦祇用當世通行之字有所取舍而無所謂創作及增省也所謂異者由後人覩之一語最爲通論至謂既有文字之國未有能以一人之力創造一體者則尙有所未盡卽無文字之國亦未有能以一人之力創造一體者契丹字之因漢文滿洲字之因藏文皆實有所承非眞創作也非有一人焉，能獨力改革也。顧知識簡陋之世，其論積累而成，逐漸而變之事，亦必以歸諸一人。一部世本作篇，皆可作如是觀。蒼頡造書，程邈立隸，皆是物矣。倉頡作書說出世本顧世本之不足信古昔人久已言之詩何人斯正義世本云暴辛公作塤蘇成公作箎譙周古史考云古有塤箎尙矣周幽王時暴辛公善塤蘇成公善箎記者因以爲作謬矣世本之謬信如周言夫此特其有可考者耳其他無可考者何一非此類邪欲考文字變遷之理，必合形音義三者觀之。一字也，博考其古今構造之不同，音義之各異；以及舊學之廢，新字之增者；此中包含兩事一有所增無所廢者此言語逐漸增加文字之所以孳乳寖多也一有所增卽有所廢者此則同一義也古今人謂之之音不同因而表其音之形亦異可謂形音皆變而義未變及因筆畫形狀之不同，積久而成爲兩體者；如篆隸行草之變遷是乃得謂之該備。專論形體，未足盡文字變遷之理也。顧謬說不去，則眞理不明。向之論文字變遷者，既皆執形體一端當之；而又有種種附會謬誤之說，不能廓而淸之，眞理固無從而見。茲篇所論，亦但見舊時文字創造變遷之說有所未當耳。至於自立條例，足以說明文字變遷之理，則固有所未能也。

## 第二章　文字之始

欲論文字之變遷，必先及文字之創造。顧文字之創造，不可說也。豈惟文字，凡事皆然。許慎說文解字序曰：「黃帝之史倉頡，見鳥獸蹏迒之迹，知分理之可相別異也，初造書契。」夫其鑿言倉頡造書則非，其言分理之可相別異，爲文字之原則是也。然則必欲鑿言文字之所自始，亦曰：與人之知分理之可相別異，同時並起耳。夫人之知分理之可相別異，孰能鑿指其所自始乎？顧習俗相沿，既皆以文字爲有一創造之人，固不得不卽其說而一考之。

言中國文字原起者，莫古於易。易繫辭傳曰：「上古結繩而治，後世聖人易之以書契，百官以治，萬民以察，蓋取諸夬。」此但渾言後世聖人，而未嘗鑿指爲何人者也。漢書藝文志，全祖此說。漢志曰易曰上古結繩以治後世聖人易之以書契百官以治萬民以察蓋取諸夬夬揚於王庭言宣揚於王者朝廷其用最大也揚於王庭易夬卦辭

其以爲倉頡造書者，說亦出自先秦。荀子解蔽篇：「故好書者衆矣，而倉頡獨傳者壹也；」韓非子五蠹篇「倉頡之作書也，自環者謂之私，背私者謂之公；」

呂氏春秋君守篇：「倉頡造書」是也。

以倉頡爲皇帝史，說出說文解字序；序曰：「古者庖犧氏之王天下也，仰則觀象於天，俯則觀法於地；觀鳥獸之文，與地之宜。近取諸身，遠取諸物；於是始作易八卦，以垂憲象。及神農氏，結繩爲治，而統其事。庶業其緐，飾僞萌生。皇帝之史倉頡，見鳥獸蹏迒之迹，知分理之可相別異也，初造書契。百工以乂，萬品以察。蓋取諸夬。夬，揚於王庭，言文者，宣教明化於王者朝廷，君子所以施祿及下，居德則忌也。」此說亦出易繫辭，特連引伏犧神農，又鑿言造字者爲倉頡，與漢志異。君子以施祿及下，居德則忌，夬象辭

尚書僞孔安國傳序，特創異說，以伏犧爲造字之人。其說曰：「古者伏犧氏之王天下也，始畫八卦，造書契，以代結繩之政，由是文籍生焉。伏犧神農黃帝之書，謂之三墳，言大道也。少昊顓頊高辛唐虞之書，謂之五典，言常道也。」與諸家

說皆不同。

伏犧造字之說，前無所承。或謂實出許序。顧許意特以見「庶業其緐，一其來有漸；伏犧垂憲僅畫卦，其治較結繩更簡耳；非以作八卦爲造書契張本也。然僞孔之說，亦有由來。彼其意，蓋欲以三墳五典，爲三皇五帝之書；又欲以伏犧神農黃帝爲三皇，少昊顓頊高辛唐虞爲五帝。其說實遠本賈鄭。特賈鄭雖以三墳五典爲三皇五帝之書，而未鑿言三皇時有文字；雖於五帝之中，增一少昊，而未去三皇中之燧人，升五帝中之黃帝耳。左氏昭十二年：「是能讀三墳五典，八索九丘。」杜注但云：「皆古書名。」疏引僞孔序外，又曰：「周禮外史掌三皇五帝之書。鄭玄云：楚靈王所謂三墳五典是也。賈逵云：三墳，三皇之書。（文選開居賦注引多墳大也三字）五典，五帝之典。八索，八王之法。（選注作素王之法）九丘，九州亡國之戒。（選注無九州二字蓋奪）延篤言張平子說：三墳，三禮。禮爲大防。爾雅曰：墳，大防也。書曰：誰能典朕三禮。三禮，天地人之禮也。五典，五帝之常道也。八索，周禮八議之刑。索，空，空設之。九丘，周禮之九刑。丘，空也，亦空設之。馬融說：三墳，三氣，陰陽始生天地人之氣也。五典，五行也。八索，八卦，九丘，九州之數也。」據此，僞孔序說八索九丘同馬融，僞孔序曰八卦之說謂之八索，求其義也。九州之志謂之九丘。丘，聚也。言九州所有，土地所生，風氣所宜，皆聚此書也。其說三墳五典則同賈逵。延篤說五典亦同，而說三墳則異。周官疏云：「延叔堅馬季長等所說不同，惟孔安國尚書序解三墳五典與鄭同。」是僞孔三墳五典之說，實本賈鄭也。三皇之說：尚書大傳，含文嘉，風俗通引甄燿度，宋均注援神契引之，見曲禮正義。皆以爲燧人伏羲神農，白虎通亦同，惟又列或說，以爲伏羲神農祝融。元命苞運斗樞則以爲伏羲女媧神農。元命苞見文選東都賦注引，運斗樞則鄭玄注中候勅省圖引之，見曲禮正義。案司馬貞補三皇本紀言：「共工氏與祝融戰，頭觸不周山崩。天柱折，地維缺。女媧乃鍊五色石以補天，斷鼇足以立四極」云云。上言祝融，下言女媧，則祝融女媧一人。白虎通或說，與元命苞運斗樞同。其五帝：則大戴禮，世本史記，皆以爲黃帝，顓頊，帝嚳，唐堯，虞舜，蓋今文家之說如此。（緯書多用今文說）鄭玄注中候勑省圖引運斗樞，其三皇之說，亦同今文而五帝加一金天氏，遂成六帝。按後漢書賈逵傳：逵奏左氏文義長於二傳者曰：「五經家皆言顓頊代黃帝，而堯不得爲火德。左氏以爲少昊代黃帝，卽圖讖所謂帝宣也。如今堯不得爲火，則漢不得爲赤。」此爲古文家於黃帝顓頊之間，增一少昊之原因。然「實六人而爲五，」於理殊不可通。雖曲禮正義曲爲之說曰：「以其俱合五帝座星，」亦終不免牽强。至僞孔說出，乃去三皇中之燧人而升一黃帝，以足其數。於是黃帝顓頊之間，雖增一少昊，而五帝仍爲五人矣。此實其說之彌縫而益工者也。然周官疏云：「文字起於黃帝，今云三皇之書者，以有文字之後，仰錄三皇時事。」則賈鄭雖以三墳五典爲三皇五帝之書，猶未言三皇時有文字；而伏犧造字之說，實出僞孔矣。

伏犧造字之說，鑿空附會如此。故後人多不之信，而信文字始於黃帝時，倉頡爲黃帝史官之說。然夷考其實，則其鑿空附會，亦與伏犧造字之說同。夫漢儒所以主文字始於黃帝時者，以緯書云：「三皇無文，」而黃帝爲五帝之首耳。（周官保氏疏：案孝經緯援神契三皇無文則五帝以下始有文字故說者多以蒼頡爲黃帝史而造文字起在黃帝也）既以文字爲始於黃帝，因以黃帝爲釋易之後世聖人，（周易集解虞翻曰後世聖人謂黃帝堯舜也孔疏於黃帝堯舜垂衣裳而天下治下亦曰自此已下凡有九事皆黃帝堯舜取易卦以制象連云堯舜者謂此九事黃帝制其初堯舜成其末皇甫謐帝王世紀載此九事亦皆爲黃帝之功）并以蒼頡爲黃帝史官。皆以意言之，非有所據也。周官外史注引孝經緯云：「三皇無文，五帝畫象，三王肉刑。」公羊襄二十九年解詁引孝經說云：「孔子曰：三皇設言民不違，五帝畫象世順機，三王肉刑揆漸加，應世黠巧姦僞多。」皆指文法而言，非謂文字。漢儒據此，謂文字始於五帝，殊爲附會。因此釋易之後世聖人爲黃帝，則尤爲武斷矣。書序疏駁之曰：「繫辭先歷說伏犧神農蓋取，下乃云黃帝堯舜，垂衣裳而天下治，蓋取諸乾坤，是黃帝堯舜之事也。又舟楫取渙，服牛取隨，重門取豫，臼杵取小過，弧矢取睽，此五者時無所繫，在黃帝堯舜時以否，皆可通也。至於宮室葬與書契，皆先言上古古者，乃言後世聖人易之，則別起事之端，不指黃帝堯舜時。」其說允矣。（義疏強申僞序不足論然其言自有平允處不得抹殺也）序疏云：「班固馬融鄭玄王肅諸儒，皆以爲文籍初自五帝。」又云「司馬遷，班固，韋誕，宋衷，傅玄，皆云蒼頡黃帝之史官。」一似主其說者甚多，且其說甚舊。然路史辨之曰：「管氏韓子國語史記，俱無史官之說，世本云：史皇蒼頡同階。又云：沮誦蒼頡作書，亦未嘗言爲史官也。及韋誕傅玄皇甫謐等，遽以爲黃帝史官，蓋肇繆於宋衷。衷之世本注云：倉頡沮誦，黃帝史官，抑不知衷何所據而云。末代儒流，更望望交引，以爲世本之言。世本曷嘗有是哉。」則以倉頡爲黃帝史官，特東漢後人附會之說，西漢固無是矣。今據路史所引：春秋演孔圖及春秋元命苞，敍帝王之相云：「倉頡四目，是謂並明。」與顓帝帝俈堯舜禹湯文武並舉。河圖玉版云：「蒼頡爲帝，南巡狩，登陽虛之山，臨於玄扈洛汭之水。靈龜負書，丹甲青文以授。」河圖說徵云：「倉帝起，天雨粟，青雲扶日。」亦見洛書說河。春秋河圖揆命篇云：「蒼羲農黃，三陽翊天德聖明。」皆不以爲人臣。緯候之作，僞起哀平，猶且如是，則知黃帝史官之說，其出甚晚。先漢人著述，如淮南子本經訓云：「昔者蒼頡作書，而天雨粟，鬼夜哭。」與河圖說徵同。修務訓云：「史皇產而能書，」亦見隨巢子。（見路史及北堂書鈔七）皆無史官之說也。熹平六年所立倉頡碑云：「天生德於大聖，四目重光，爲百王作憲。」尚與演孔圖元命苞同。書序疏云：「崔瑗曹植蔡邕索靖皆云古之王也。徐聲云在神農黃帝之間。譙周云在炎帝之世。衛氏云當在庖犧蒼帝之世。愼到云在庖犧之前。張楫云：蒼頡爲帝王，生於禪通之紀。」則東漢魏晉人，沿襲舊說者尚多。知許序所詆俗儒鄙夫見倉頡篇而以爲古帝作者，其說亦有由來也。然則文字始於黃帝時，倉頡爲黃帝史官之說，亦一伏犧造字之說而已矣。

然則蒼頡爲古帝王之說，其可信歟？曰：亦不足信也。緯候之說，多涉荒怪，何足置信。試觀荀韓呂覽，皆不言倉頡爲何如人，亦不言爲何時人可知也。且觀荀子之說，則造書者不獨一倉頡，固已明矣。

然則如易傳之渾言後世聖人者，其最得乎？曰：易傳非說造字也。其言曰：「百官以治，萬民以察，」則明指政事言。集解：「九家易曰：古者無文字；其有約誓之事，事大大其繩，事小小其繩；結之多少，隨物衆寡；各執以相考，亦足以相治也。夬者，決也；取百官以書治職，萬民以契明其事。」（此書契分釋甚明白，路史引帝王世紀云黃帝史官倉頡取象鳥迹始作文字記其言動象而藏之名曰書契則謬說矣）書序疏：「言結繩者，當如鄭注云：爲約，事大大其繩，事小小其繩。（繫辭疏引作事大大結其繩事小小結其繩）王肅亦曰：結繩識其政事是也。言書契者，鄭云：書之於木，刻其側爲契，各持其一，後以相考合。」亦皆就政事立說。案周官小宰：「以官府之八成經邦治：四曰聽稱責以傅別，七曰聽賣買以質劑。」注：「傅別，謂爲大手書於一札，中字別之。質劑，謂兩書一札，同而別之。長曰質，短曰劑。傅別質劑，皆今之券書也，事異，異其名耳。」墨子公孟篇：「是數人之齒而以爲富。」俞氏樾諸子平議曰：「齒者，契之齒也。古者刻竹木以記數，其刻處如齒，故謂之齒。易林所謂符左契右，相與合齒是也。列子說符篇：宋人有遊於道，得人遺契者，歸而藏之，密數其齒，曰：吾富可待矣。此正數人之齒以爲富者。」觀此，可見古者契之爲用甚廣，官府治事，民間信約，皆必用之。且契以齒合，非如鄭注所云必有文字；（鄭蓋據當時之制爲說）又以齒之數，別所得之數，仍有結之多少，隨物衆寡之意；可見九家易書契分疏之確；而易結繩以書契，與造字了無干涉，亦可見矣。莊子胠篋篇：「昔者容成氏，大庭氏，伯皇氏，中央氏，栗陸氏，驪畜氏，軒轅氏，赫胥氏，尊盧氏，伏戲氏，神農氏，當是時也，民結繩而用之，」則以結繩之治當神農時，以易之以書契當黃帝時，說亦可云有本。特不當與蒼頡造字，幷爲一談耳。此漢儒之疏也。

然則字爲誰造，竟不可知乎？曰：不可知也。文字者，藉符號以達意，此盡人之所能，固不待誰爲之，亦不得云誰爲之也。斯理也，先民有言之者矣。書序疏云：「陰陽書稱天老對黃帝云：鳳皇首文曰德，背文曰義，翼文曰順，膺文曰仁，腹文曰信。又易繫辭云：河出圖，洛出書，聖人則之。是文字與天地並興焉。」張懷瓘書斷曰：「萬事皆始自微漸，至於昭著。道之昭興，自然玄應。前聖後聖，合矩同規。雖千萬年，至理斯會。必然而出，豈在考其甲之與乙邪？道家相傳，則有天皇地皇人皇之書，各數百言。其文猶在，象如符印，而不傳其音指。且戎狄異音各邈，會於文字，其指不殊。禽獸之情，悉應若是。觀其趣向，不遠於人。則知凡庶之流，有如草木鳥獸之類，或蘊文章。又霹靂之下，乃時有字；或錫貺之瑞，往往銘題；以古書考之，皆可識也。又豈學之於人乎。又詳釋典，或沙劫以前，或他方怪俗，云爲事況，與卽意無殊。是知天之妙道，施於萬類一也。但感有淺深耳。豈必在乎羲軒周孔將釋老之教乎。」案陰陽書山海經，皆不足據。道家所傳天皇地皇人皇之字，尤必爲僞造無疑。然此二說，論文字出於自然，爲人心之所同，非必聖哲乃能創造，則於理極合。「霹靂之下，乃時有字；錫貺之瑞，往往銘題；考以古書，皆可識」者，非無知之物，能與人造之字相符；乃人造之字，不得不有取於自然之文耳。夫自然之文，則所謂分理之可相別異者也。故古代文字，實原於圖畫。古者書籍通稱爲志。「孔子曰大道之行也，與三代之英，丘未之逮也，而有志焉。」禮記禮運鄭注志謂識古文莊子曰：「春秋經世，先王之志」是也。「志」「識」二字古通，「識」「幟」實爲一字。檀弓：「孔子之喪，公西赤爲志焉。」「子張之喪，公明儀爲志焉。」注皆曰：「志爲章幟。」左宣十二年：「百官象物而動。」疏曰：「百官尊卑不同，所建各有其物，象其所建之物而行動。」夫幟各有所畫之物以爲識，此一姓之興，所以必「殊徽號」也。大傳立權度量考文章改正朔易服色殊徽號異器械別衣服此其所得與民變革者也注徽號旌旗之名也刻石記識，理亦同此。書序疏云：「依易緯通卦驗，燧人在伏羲前。表計寘其刻曰：蒼牙通靈昌之成，孔演命明道經。鄭玄注云：刻，謂刻石而記識之。又韓詩外傳：古封太山禪梁甫者萬餘人，仲尼觀焉，不能盡識。又管子書：管仲對齊桓公曰：古之封太山者七十二家，夷吾所識，十二而已。」夫此七十二家者，孰能辨其所刻者爲文字，抑卽旗幟所畫之物乎？然則文字圖畫之興，皆不外取象自然之文以爲識，二者孰能別其先後。許愼說象形字曰：「畫成其物，隨體詰屈。」此語可以說象形字，亦可以說圖畫。然則文字圖畫之初興，二者蓋無區別。自今日觀之，象形文字，固與圖畫殊科，然此特後起之變遷，方其初畫成一物時，固不得鑿指之曰，此爲文字，非圖畫；此爲圖畫，非文字也。然則文字之始，卽圖畫之始；圖畫之始，卽人能象自然之文，藉分理之相別異，以爲記識之始耳；孰能指其始於何時，創於何人乎？故必欲鑿求文字之始者，乃徒勞之計也。

## 第三章　古文篆籀

論中國文字之變遷者，莫早於漢書藝文志。說文解字序，與漢志大同小異，而其說尤詳。今以許序爲本，加以辨證焉。許序曰：「倉頡之初作書，蓋依類象形，故謂之文。其後形聲相益，卽謂之字。文者，物象之本。（六字段依左宣十五年正義補案此語書序疏亦引之段氏補之是也）字者，言孳乳而寖多也。著於竹帛謂之書。書者，如也。以迄五帝三王之世，改易殊體；封於泰山者七十有二代，靡有同焉。周禮：八歲入小學，保氏教國子，先以六書：一曰指事。指事者，視而可識，察而見意，上下是也。二曰象形。象形者，畫成其物，隨體詰詘，日月是也。三曰形聲。形聲者，以事爲名，取譬相成，江河是也。四曰會意。會意者，比類合誼，以見指撝，武信是也。五曰轉注。轉注者，建類一首，同意相受，考老是也。六曰假借，假借者，本無其事，依聲記事，令長是也。及宣王大史籀，著大篆十五篇，與古文或異。至孔子書六經，左丘明述春秋傳，皆以古文，厥意可得而說。其後諸侯力政，不統於王。惡禮樂之害己，而皆去其典籍。分爲七國；田疇異畮，車涂異軌，律令異法，衣冠異制，言語異聲，文字異形。秦始皇帝初兼天下，丞相李斯乃奏同之，罷其不與秦文合者。斯作倉頡篇，中車府令趙高作爰歷篇，太史令胡毋敬作博學篇；皆取史籀大篆，或頗省改，所謂小篆者也。是時秦燒滅經書，滌除舊典。大發隸卒，興役戍，官獄職務緐；初有隸書，以趣約易；而古文由此絕矣。自爾秦書有八體：一曰大篆，二曰小篆，三曰刻符，四曰蟲書，五曰摹印，六曰署書，七曰殳書，八曰隸書。漢興有草書。尉律：學僮十七已上始試，諷籀書九千字，乃得爲吏。又目八體試之。郡移大史幷課，最者以爲尙書史。書或不正，輒舉劾之。今雖有尉律不課，小學不修，莫達其說久矣。孝宣皇帝時，召通倉頡讀者，張敞從受之。

涼州刺史杜業，沛人爰禮，講學大夫秦近，亦能言之。孝平皇帝時，徵禮等百餘人，令說文字未央廷中。目禮爲小學元士。黃門侍郎揚雄，采以作訓纂篇：凡倉頡已下十四篇，凡五千三百四十字；羣書所載，略存之矣。及亡新居攝，使大司空甄豐等校文書之部。自以爲應制作，頗改定古文。時有六書：一曰古文，孔子壁中書也。二曰奇字，卽古文而異者也。三曰篆書，卽小篆，秦始皇帝使下杜人程邈所作也。四曰左書，卽秦隸書。五曰繆篆，所以摹印也。六曰鳥蟲書，所以書幡信也。壁中書者？魯恭王壞孔子宅，而得禮記，尙書，春秋，論語，孝經。又北平侯張蒼獻春秋左氏傳。郡國亦往往於山川得鼎彝，其銘卽前代之古文，皆自相佀。雖叵復見遠流，其詳可得略而說也。而世人大共非訾以爲好奇者也；故詭更正文，鄉壁虛造不可知之書，變亂常行，以耀於世。諸生競逐，說字解經誼，稱秦之隸書爲倉頡時書，云：父子相傳，何得改易。乃猥曰：馬頭人爲長；人持十爲斗；蟲者，屈中也。廷尉說律，至以字斷法；苛人受錢，苛之字，止句也。若此者甚衆。皆不合孔氏古文，謬於史籀。俗儒鄙夫，翫其所習，蔽所希聞；不見通學，未嘗覩字例之條。怪舊埶而善野言；以其所知爲祕妙，究洞聖人之微恉。又見倉頡篇中幼子承詔，因曰：古帝之所作也，其辭有神仙之術焉。其迷誤不諭，豈不悖哉？書曰：予欲觀古人之象，言必遵修舊文而不穿鑿。孔子曰：吾猶及史之闕文，今亡矣夫。蓋非其不知而不問；人用已私，是非無正；巧說衺辭，使天下學者疑。蓋文字者，經埶之本，王政之始；前人所以垂後，後人所以識古。故曰本立而道生，知天下之至嘖而不可亂也。今敍篆文，合以古籀。博采通人，至於小大。信而有證。稽譔其說。將以理羣類，解謬誤，曉學者，達神恉。分別部居，不相雜廁，萬物咸覩，靡不兼載。厥誼不昭，爰明以諭。其偁易，孟氏；書，孔氏；詩，毛氏；禮，周官；春秋，左氏；論語；孝經；皆古文也。」云云。許氏之說如此。據其說，則自皇古以迄後漢，中國文字，變遷凡七：始有文字以後，形聲相益，孳乳寖多；而五帝三王之世，又有改易。凡此許統謂之古文一也。史籀著大篆十五篇，與古文或異。二也。六國之世，言語異聲，文字異形。三也。秦有天下，李斯奏同之，罷其不與秦文合者。又頗省改大篆，以爲小篆。四也。因官獄職務之繇，初有隸書，以趨約易。五也。漢興而有草書。六也。史籀大篆，雖與古文或異；然孔子書六經，左丘明述春秋傳，皆以古文，則古文初未嘗廢。至秦而絕。賴有壁中書及張蒼所獻左氏傳，乃得復見。至王莽好古，而其所謂六書中，乃復有古文奇字。七也。其中可疑之處甚多，今一一辨之。

封於泰山者七十二代，說見管子及韓詩外傳，已見前。路史引河圖眞紀鉤亦曰王者封泰山禪梁父易姓奉度繼典崇功者七十有二君管仲所識十二家：曰無懷，曰虙犧，曰神農，曰炎帝，曰黃帝，曰顓頊，曰帝佶，曰堯，曰舜，曰禹，曰湯，曰周成王。然則七十二代在五帝三王之前；蒼頡爲黃帝史官，黃帝乃特五帝之首耳。許以此語系「五帝三王之世改易殊體」一之下，一似此七十二代，皆在五帝三王之世者，未免滋疑。蓋古人文字，往往鈔撮衆說而成，（許所謂稽譔其說）非必自作。此說與前黃帝之史蒼頡云云，蓋各爲一說。前說以蒼頡爲黃帝史，此說自謂蒼頡遠在無懷伏羲之前。說本不可相通，而許並存之，故不免矛盾也。然許書爲後人竄亂極多，卽序亦非故物。（觀下文自見）魏書江式傳，式上表請修古今文字，其語多本許序。此處作「迄於三代，厥體頗異；雖依類取制，未能悉殊倉氏矣」語意與「目迄五帝三王之世改易殊體」相反。則許序此處，或遭後人改竄邪？然「孳乳寖多，改易殊體」八字，說文字變遷之理，固確不可易。斯語也，姑存而勿論可也。

六書之說，爲許氏全書經緯。此蓋許氏所謂字例之條者也。然六書實非古說；周官之六書，亦未必許氏所言之六書。別詳拙撰字例略說，今亦姑措勿論。

許氏謂史籀大篆，與古文或異。又謂蒼頡，博學，爰歷三篇，皆取史籀大篆，或頗省改。夫「或異」者，不盡異之辭；小徐本作與古文或同或異江式傳同疑大徐本奪二字「或頗省改」者，不皆省改之謂。則謂古文大小篆，截然不同，原非許意。然許既以大小篆並列爲秦書八體之二，又謂古文絕於秦時，則亦謂三者自有其不可混者在也。然謂史籀有意改變字體，上異古文；而李斯等又改變字體，不同史籀；則恐亦子虛烏有之談也。

今試先就字數及字體論之。案史籀以後，說文以前之字書，漢志備列其名：則有漢閭里書師，合蒼頡爰歷博學所成之蒼頡篇；有司馬相如之凡將篇；有史游之急就篇；有李長之元尚篇；有楊雄之訓纂篇；有班固之十三章。漢志云：「閭里書師，合蒼頡爰歷博學三篇，斷六十四字以爲一章。凡五十五章，并爲蒼頡篇。」是蒼頡爰歷博學三書，合三千三百字也。且有複字又云：「凡將篇無複字。急就篇元尚篇皆蒼頡中正字，凡將則頗有出矣。訓纂篇順續蒼頡，又易蒼頡中重複之字，凡八十九章。臣復續揚雄作十三章。凡一百二章，無複字。」是雄所作訓纂凡三十四章，二千四十字。合五十五章三千三百字，正八十九章，五千三百四十字。與許氏所謂「凡蒼頡以下十四篇凡五千三百四十字」者，字數相合，惟許未列舉書名；且倉頡爰歷博學凡將急就元尙訓纂，共止七書，而析之爲十四，未知何故耳。案未舉書目而言都凡所謂凡者知其何指此亦許序奪誤之一證也許書則九千三百十三字。蓋五千三百四十字之外，他采者又三千有十三字。以上本段氏說字數之以漸而增如此，則因許序「諷籀書九千字」句，誤謂籀文字有九千者固非。然今籀文見於說文者，祇二百二十餘字，謂其數止如此，亦決不可通。故段氏謂許所列小篆，不云古文作某，籀文作某者，古籀皆同小篆也。王國維史籀篇疏證敍錄曰：「史篇文字，就其見於許書者觀之，固有與殷周古文同者。然其作法，大抵左右均一，稍涉繁複，象形象事之意少，而規旋矩折之意多。推其體勢，實上承石鼓文，下啓秦石刻，與篆極近。

考戰國時，秦之文字，如傳世秦大良造鞅銅量，乃孝公十六年作。其文字全同篆文。詛楚文摹刻本文字亦多同篆文。而殹奓𠟭薏四字，則同籀文。則李斯以前，秦之文字，謂之用篆文可也，謂之用籀文亦可也。」此尤足證籀篆字體，不能分立矣。

更就書之體例言之。段氏云：「漢初蓋倉頡爰歷博學爲三倉。班於倉頡一篇自注云上七章則爰歷爲中博學爲下可知也自揚雄作訓纂以後，班固作十三章；和帝永元中，郎中賈魴又作滂喜篇。梁庾元成云：倉頡五十五章爲上卷，揚雄作訓纂記滂喜爲中卷，賈升郎更續記彥均爲下卷，人稱爲三倉。江式亦云：是爲三倉，揚雄訓纂終於滂熹二字賈魴用此二字爲篇目而終於彥均二字故庾氏云揚記滂喜賈記彥均隨志則云揚作訓纂賈作滂喜其實一也自倉頡至彥均，章皆六十字。凡十五句，句皆四言。凡將七言。急就前多三言，後多七言。惟元尙無考耳。」以上皆段說又倉頡三篇皆四字爲句二句一韻近世敦煌所出隸書殘簡足以證之見姬覺彌重輯蒼頡篇敘錄蓋「古之字書，說文玉篇等，說字形者爲一類，急就與南北朝之千字文等，便諷誦者又爲一類。」（羅迦陵重輯蒼頡篇序）以字形分別居實始於許。籀篇在字書中最古，其體例，不應與後來之三倉等有殊。故近人羅振玉殷商貞卜文字考，謂「予意史籀十五篇，亦由倉頡爰歷凡將急就等，取當世用字，編纂章句，以便誦習，實非書體之異名。」王國維則更疑史籀非人名。其說曰：「籀讀二字，同聲同義。又古者讀書皆史事，昔人作字書者，其首句蓋云大史籀書，以目下文。後人因取句中史籀二字，以名其篇。大史籀書，猶言大史讀書。漢人不審，乃以史籀爲著此書之人。其官爲大史，其生當宣王之世。不知大史籀書，乃周世之成語；以首句名篇，又古書之通例也。史籀一書，殆秦人作之以教學童。倉頡文字既取史篇，文體亦當效之」云云。案漢志明言史籀篇爲周時史官教學童之書，王氏鑿空疑爲秦人所作，似非。然謂籀篇爲書名，非字體；史籀亦書名，非人名；則其說允矣。漢志可以爲證也：漢志曰：「古者八歲入小學。

故周官保氏，掌養國子，教之六書。謂象形，象事，象意，象聲，轉注，假借，造字之本也。漢興，蕭何草律，亦著其法。曰：太史試學童，能諷書九千字以上，乃得爲史。又以六體試之。課最者以爲尙書御史，史書令史。吏民上書，字或不正，輒舉劾。（案許序此處亦有奪文江式表云吏民上書省字不正輒舉劾爲許序無吏民上書四字則義不可通）六體者：古文，奇字，篆書，隸書，繆篆，蟲書，皆所以通知古今文字，摹印章，書幡信也。古制書必同文，不知則闕，問諸故老，至於衰世，是非無正，人用其私。故孔子曰：吾猶及史之闕文也，今亡矣夫。蓋傷其寖不正。史籀篇者，周時史官教學童書也。與孔氏壁中古文異體。蒼頡七章者，秦丞相李斯所作也；爰歷六章者，車府令趙高所作也；博學七章者，太史令胡毋敬所作也；文字多取史籀篇，而篆體後頗異，所謂秦篆者也。是時始造隸書矣。起於官獄多事，苟趨省易，施之於徒隸也。」「謂象形象事象意象聲轉注假借造字之本也」十八字，「與孔氏壁中古文異體」九字，蓋皆後人竄入。此節文意，一綫相承。教之六書之六書，又以六體試之之六體，事蓋相類，故云：「亦著其法。」夾入「謂象形」云云十八字，則六書六體，絕不相蒙，不可云亦矣。以六書爲造字之本其說實不可通故許序尚無此說又事意聲皆不可云象竄此十八字者於小學蓋實無所知後人認爲班書原文不敢致疑而說文字遂又添一重繆葛矣詳見字例略說「皆所以通知古今文字」指古文奇字篆書隸書「摹印章」指繆篆「書幡信」指蟲書；所以總結上文。下文「古制書必同文」至「蓋傷其寖不正」，說古文奇字。「史籀篇者周時史官教學童書也」及「蒼頡七章者」至「所謂秦篆者也」，釋篆書。「是時始造隸書矣」以下，釋隸書。夾入「與孔氏壁中古文異體」一語前無所承，後亦不及，成何文體？又史籀十五篇下自注：「周宣王大史作大篆十五篇」十一字，恐亦後人竄入。下文但言爲周時史官教學童書，此處何由知其作者？此處已言其作者，下文何須再言？王氏謂籀篇本以首句名篇漢人誤以爲著書之人所疑如確則其致誤之由正以其爲周時史官教學童書故也此亦可見王氏以史籀篇爲秦人所作之誤下文但稱李斯等所作爲秦篆，漢志亦無八體之名，此處何由忽出大篆二字？十五篇之數，正文已有，注中何待複舉哉？漢律皆沿自秦。見晉書刑法志漢之六體，蓋亦承秦之舊。卽王莽之六體，實亦沿襲漢制。莽之所以異於漢者，則自以爲應運制作，頗改定古文耳。然則安有秦書八體之名？而古文奇字，當秦時亦何嘗絕哉？此等處後人或疑竄亂古書者何以如是之多，因之不敢深信。然竄亂非必有意，出於無意者實尤多。見拙撰章句論

許氏謂七國之時，諸侯力政，不統於王？惡禮樂之害己，而皆去其典籍；以致言語異聲，文字異形，其說亦不足信。先惡禮樂之害己而去其籍者，以其害己故也。田疇異畝，車書異軌，以其或有利於戎事，或則便於土宜；如左氏載鞌之戰，晉人欲使齊之封內，盡東其畝；國子駁以「惟吾子戎車是利，無顧土宜」是也。律令異法，衣冠異制，則所謂「修其教不易其俗，齊其政不易其宜」，此幷不得指爲不統於王之證。至於言語文字，則我以是喻諸人，人亦以是喻諸我；我以是喻

諸人，固求人之能共喻，人以是喻諸我，我亦惟求其易喻；今世界各國，言語文字，異聲異形，不能相喻者，皆出於事之無可如何：而豈有矯同立異，自求隔閡者耶？言語文字，爲社會公器。其成其毀，各有其所以然之故。既非一手足之烈，所能創制；亦非一二人之力，所能變更。七國之君，有何神力，能使之異聲異形耶？許氏之言，蓋因秦兼天下後，李斯奏罷六國之文不與秦合者；又信古文與秦篆不同；遂附會而爲此說。殊不知當時文字之紛繁，實因文明日啓，用字日多；舊有之字，不給於用；不得不別造新字；而新造之字，則彼此名不相謀之故；初非因諸侯有意立異，舍舊謀新也。神州大陸，古代錯居之異族極多。然大啓文明，實由漢族。（予別有考）春秋戰國時，聲明文物之國，溯其始，大抵漢族所分封。故其文字語言，咸同一本。故中庸謂「今天下書同文。」其逐漸變遷睽隔，不過聲讀之異；及新造之字，彼此不同。周官外史，掌達書名；大行人九歲屬瞽史喻書名；即求泯此睽隔。然言語文字之變遷，出於自然，而非人力所能止遏。周官固學者虛擬之書，未必見諸施行；卽能行焉，其異亦終不可泯。此七國之世，言語異聲，文字異形之所自來也。然其流雖異，其原則同。故其所謂異聲者，亦不過如今日方言之殊；所謂異形者，亦不過如今日以閩粵蘇州土白著書，間有異於官話之字耳。蒼頡爰歷博學三篇，不過三千三百字，而許書三倍之，王氏謂許書所多皆六藝中字非是見下其中所收，列國因異聲之言語，所造異形之文字蓋多矣。今觀許書文字，大抵同一條理，能通六書之例，卽無不可通。所不可通者，反在許氏所斤斤自詡之奇字耳。聲讀之殊，莫如楚夏。故荀子謂「居夏語夏，居楚語楚。」孟子謂「一齊人傅，衆楚人咻，雖日撻而求其齊，亦不可得；」又詆許行爲「南蠻鴃舌之人。」子元之伐鄭也鄭人楚言而出項羽夜聞漢軍四面皆楚歌驚曰漢皆已得楚乎是何楚人之多也古代楚夏言語不同之證不可枚舉然說文牛部：「⿰牛余，黃牛虎文，讀若塗。」王氏筠謂「左氏楚人謂虎於菟，釋草蒤虎杖，皆與⿰牛余同音。」又口部：「咷，楚謂兒泣不止曰嗷咷。」亦與易「先號咷而後笑」同。左氏：吳人獲衞侯，衞侯歸，效夷言。必其言語本無大異，乃能暫聞而即效之。穀梁「吳謂善伊，謂稻緩。」說文：「沛國謂稻曰稬。」釋文引呂發聲類以秔爲不黏稻，江東呼爲稬。此即今日之糯字也。然則當時所謂言語異聲，亦不過如方言之所載，而新造之字隨之。此豈諸侯統於王，不力政，遂能無此異哉？論語：「子曰吾猶及史之闕文也，有馬者，借人乘之，今亡已夫。」班許二氏皆引之，說以「人用其私，是非無正，」其解最確。包氏曰：「古之良史，於書字有疑，則闕之，以待知者；有馬不能調良，則借人乘習之。」二句固一意也。蓋前此用字少，所用之字，皆古所已有，故不知可問諸人。此時用字多，所需者皆前此所無，問諸人亦無益，故不得不別造。如今循舊體撰作文字，有所不習，可問諸老師宿儒；譯外國語而無相當之詞，則老師宿儒，亦不知也。孔子猶及史之闕文，而歎後之無有，可見春秋戰國，乃造新字最盛之時矣。此時所造，自然各牽其俗，不復顧其統一。新造之字，遂至彼此不能相知。（即不造字而假借爲之自他國人視之亦將以爲異聲異形矣）即舊有之字，亦或因歷年久遠，形體漸變，音讀不同，遂至本同也而亦與異等。（即形音皆同而義訓漸變不知者視之亦將以爲異皆見予所撰字例略說）此則異聲異形之原，而非如許氏所說也。然則秦兼天下，李斯奏同文字，罷六國之文不與秦合者，不過廢六國新造之字耳。若夫前此之字，爲秦與六國所同承用者，必無廢之之理。（若謂歷時既久而自廢則與秦無涉）大篆與古文，既不過「或異」；小篆與大篆，又不過「或頗省改」；篆隸之殊，則筆畫之形狀耳。數種文字，仍系一種文字。秦人所用文字與六藝等文字，仍系一貫相承。（故不信古文者稱秦之隸書爲倉頡時書云父子相傳何得改易也）即「燒滅經書，滌除舊典」古文安得由此而絕哉。吾知之矣。許氏之說，蓋全因漢世所謂古文者系出於壁中書等而起也。許序云：「及孔子書六經，左丘明作春秋傳，皆目古文。」此語根據，蓋在下文「壁中書者魯恭王壞孔子宅，而得禮記，尙書，春秋，論語，孝經，又北平侯張蒼獻春秋左氏傳」一二語。許序又云：「又郡國往往於山川得鼎彝，其銘卽前代之古文，皆自相侶。」案後世所得鼎彝之類甚多，其文實與說文所載不合。（殷商貞卜文字考曰：今以許書所載古籀證以古金文字合者殆寡）古物固多僞造，決不能盡爲僞物。且作僞者必求其於古有徵，說文解字爲載古文最古之書，作僞者安得不求合之以自重邪？故許序此語，後人頗多疑之者。吳氏大澂說文古籀補自敍曰：「古器習見之形體，不載於說文。許書古籀，以古器銘文偏旁考之，多不相類。全書屢引秦刻石，而不引某鐘某鼎之文。然則郡國所出鼎彝，許氏實未之見。」陳氏介淇序，亦謂「說文中古文，多不似今之古鐘鼎；亦不說某爲某鐘，某鼎字，必響搨以前，古器字無氈墨傳布，許君未能足徵。」王國維漢代古文考曰：「拓墨之法，始於南北朝之拓石經，浸假而用以拓秦刻石。至拓彝器文字，趙宋以前，未之前聞。吳說是也。」（王氏誤以陳說爲吳說）愚案許氏言鼎彝之銘與古文相似，而不言有所取，則此語第以證孔壁書及張蒼所獻左氏傳，確爲古文，本不謂說文解字中，有得自鼎彝之文字。嚴氏可均曰：「汗簡引說文此語，無其銘二字。又皆字下空白。蓋舊本爛闕，二徐肊補自相似」三字。又江表多取許序，而此處作「形體與孔氏相類，卽前代之古文矣」則此語爲許序原文與否，尙未可知。王氏謂全書古文，皆出壁中書及張蒼所獻左氏傳，據許序推之，其說固當。然則漢人所稱得古文經者，事之信否，卽許序所述文字源流信否之徵也。

孔壁得書一役，許序而外，見於漢書藝文志，楚元王傳，景十三王傳。藝文志所著錄者：有尙書古文經四十六卷，禮古經五十六卷，春秋古經十二篇，論語古二十一篇，孝經古孔氏一篇，除春秋經不言所自來外。於書則云：「古文尙書者，出孔子壁中。武帝末，魯共王壞孔子宅，欲以廣其宮，而得古文尙書，及禮記，論語，孝經凡數十篇，皆古字也。共王往入其宅，聞鼓琴瑟鐘磬之音，於是懼，乃止不壞。

孔安國者，孔子後也。悉得其書，以考二十九篇，得多十六篇。安國獻之。遭巫蠱事，未列於學官。劉向以中古文校歐陽大小夏侯三家經文，酒誥脫簡一，召誥脫簡二。率簡二十五字者，脫亦二十五字；簡二十二字者，脫亦二十二字。文字異者七百有餘，脫字數十。」於禮則云：「禮古經者，出於魯淹中及孔氏學七十篇，（劉歆云當作十七）文相似多三十九篇，及明堂陰陽，王史氏記。」於論語，自注云：「出孔子壁中兩子張。」於孝經云：「二十二章。」（師古曰劉向云古文字也庶人章分爲二也曾子敢問章爲三又多一章凡二十二章）又云：「漢興，長孫氏，博士江翁，少府后倉，諫大夫翼奉，安昌侯張禹傳之，各自名家。經文皆同，惟孔氏壁中古文爲異，父母生之，續莫大焉，及親生之膝下，諸家說不安處，古文字讀皆異。」（此可見造古文經者因諸家說不安而改之）楚元王傳：「歆因移書太常博士責讓之曰：及魯共王壞孔子宅，欲目爲宮，而得古文於壞壁之中，逸禮有三十九，書十六篇。天漢之後，孔安國獻之。遭巫蠱倉卒之難，未及施行。及春秋左氏，丘明所修。皆古文舊書。多者二十餘通。藏於祕府，伏而未發。孝成皇帝，閔學殘文缺，稍離其真。乃陳發祕藏，校理舊文，得此三事。目考學官所傳，經或脫簡，傳或間編。」景十三王傳云：「恭王初好治宮室，壞孔子舊宅，目廣其宮。聞鐘磬琴瑟之聲，遂不敢復壞。於其壁中得古文經傳。」除景十三王傳渾言古文經傳外，志所謂「劉向以中古文校三家經文，酒誥脫簡一，召誥脫簡二」者，卽歆所云「以考學官所傳，經或脫簡」。禮古經多三十九篇，數與劉歆所言逸禮合，則淹中孔壁非二事。歆不及論語孝經者，以僅欲立逸禮古文尚書故。然則班志之「古文尚書及禮論語孝經」，許序之「禮記尚書春秋論語孝經」，禮記二字，皆當分讀；（或本皆重禮字今奪古書重字奪者最多）禮指三十九篇，記指明堂陰陽王史氏記，班志傳及許序，三說相較，許多一春秋經也。（班志箸錄春秋古經十二篇左氏傳三十卷皆不言其所自來又易無古經而亦云劉向以中古文易經校施孟梁丘經蓋承上及秦燔書而易爲卜筮之事傳者不絕言謂中祕自有此經也劉歆移太常博士及春秋左氏丘明所修意亦不承上魯恭王得古文言是）

春秋古經及左氏傳劉班並不謂得自孔壁也案述得古經事者，班許而外，又有論衡之正說，案書二篇。正說篇云：「孝景帝時，魯共王壞孔子教授堂以爲殿，得百篇尙書於牆壁中。武帝使使者取視，莫能讀者。遂祕於中，外不復見。」案書篇云：「春秋左氏傳者，蓋出孔子壁中。孝武皇帝時，魯共王壞孔子教授堂以爲宮，得佚春秋三十篇，左氏傳也。」其說又與班許牴牾。夫漢代果得古文經，自爲一大事，安得互相違異如此？卽曰：傳聞之譌，事所或有；古書記事，如此者多；小小乖迕，不足深較。然其闕漏，仍有斷難彌縫者。崔氏適曰：「五宗世家，魯共王用孝景前二年立，二十六年卒。景帝在位十六年，則共王卒於武帝卽位之十一年，卽元光五年。武帝在位五十四年，末年安得有共王？孔子世家曰：安國爲今皇帝博士，遷臨淮太守，蚤卒。漢書倪寬傳：寬詣博士受業，受業孔安國。補廷尉史，廷尉張湯薦之。百官表，湯遷廷尉，在元朔三年。是安國爲博士，在元朔三年以前。使其年甫二十，至巫蠱禍作，已過五十，是時尙在，安得云蚤卒？荀悅漢紀云：安國家獻之。此家字。亦知安國之年，不及巫蠱禍作而增。然安國有子卬，何不曰孔卬獻之，而於安國下增家字，彌縫之跡甚彰。」一（史記探原卷一）今觀景十三王傳，先敍魯共王事處，絕不及得古文一語。既歷敍其後嗣，乃補出「王初好治宮室」云云。不獨如此六事，簡略言之，爲不合理。且上文已云好治宮室矣，何不接敍得古文事，而必於後文補敍乎？則此數語爲後人竄入，亦無疑義。景十三年傳既不足信，則得古文經事見於漢書者，惟藝文志及楚元王傳兩處。移讓太常博士乃劉歆之言；志亦本諸歆之七略者也。不獨此也，即以破壞孔壁論事亦不近情理。史記孔子世家：「孔子葬魯城北泗上，弟子及魯人往從冢而家者百有餘室，因命曰孔里。魯世世相傳，以歲時奉祀孔子冢；而諸儒亦講禮，鄉飲，大射於孔子冢。孔子冢大一頃。故所居堂，弟子內，後世因廟，藏孔子衣冠琴車書，至於漢，二百餘年不絕。高皇帝過魯，以太牢祠焉。諸侯卿相至，常先謁，然後從政。」史公自言：「適魯，觀仲尼廟堂車服禮器，諸生以時習禮其家。」此外漢人之言及文學者，必稱鄒魯。鄒魯所以爲文學之鄉，以其近聖人居故也。聲靈赫濯如此，共王雖荒淫，安敢遽壞其宅？孔子宅果見壞，安得他處無一語及之乎？然則孔壁得書一事，殆子虛烏有之說也。至於左氏：劉歆班固，皆不言其所自來；論衡謂出孔壁，顯系影響之談。許序謂獻自張蒼，考史記張丞相列傳，不言其事，似因其「好書無所不觀」而託之。太史公自敍曰：「左丘失明，厥有國語，」其報任安書亦云。下文又曰左丘明無目宋祁曰越本無明字王氏念孫曰越本是也景祐本及文選皆無明字見讀書雜志論語子曰巧言令色足恭左丘明恥之匿怨而友其人左丘明恥之丘亦恥之崔氏適曰集解錄孔安國注則此章亦出古論語見春秋復始卷一則本有左丘而無左丘明，有國語而無春秋左氏傳。國語與左氏春秋系一書而非春秋之傳見下楚元王傳曰：「初左氏傳多古字古言，學者傳訓詁而已。及歆治左氏，引傳文以解經，轉相發明，由是章句義理備焉。」此語實歆作僞顯證。何者？傳本解經，何待歆引；曰歆引以解，則傳之本不解經明矣。然則所謂左氏傳者，恐春秋實無此傳；而其得自何所，更不必論也。

然則漢時之所謂古文經者，果何從而來哉？曰：皆通知古字之人所造也。蓋吾國之有文字舊矣。自皇古以至秦漢，猶之自秦漢以至今日也。今試一繙閱字書，自秦漢至今日，字之廢而不用者幾何。夫自皇古以至秦漢，則亦若是矣。然自秦漢至今日，書籍之傳者既多，又有字書以蒐輯之，故字之廢而不用者，仍有可考。自皇古至秦漢，則又異是。故歷時雖多，而廢而不用之字，爲人所識者甚少。此卽今說文中所載之古文奇字也。縱有遺漏亦必不多王莽劉歆，造作古書，以淆亂學術，其罪誠大。然其改革政治，欲以均平貧富，則其心不可謂不苦，其力不可謂不弘。蓋吾國古代，本許多小部落分立，各行共產之制。東周以後，乃日漸破壞，社會遂見貧富不均之象。此事之詳當別論之其爲不平，較諸後世，殆倍蓰過之。故漢時儒者，或策限民名田，或主重農抑商；卽桑孔言利之臣，猶以抑制幷兼爲藉口；非無病而呻，時勢使然也。然諸家徒能言之。其行之者惟一王莽。夫以當時風氣，欲斷然革故鼎新，固不能不託之於古。博士所傳之說，勢不能盡與吾合。枝枝節節而與之爭勢且不勝，則莫如一舉而摧毀之；欲一舉而摧毀之，則莫如訾其所傳之經爲誤且不備；此古文經之所由造。適會是時，有若干通知古字之人，遂用爲造作之具，此則古文經之所由成也。夫何以知史籀有作，或異古文。以孔子書六經，左丘明作春秋傳，所用之字，與籀篇不同故也。何以知古文至秦而絕，以孔子書六經左丘明作春秋傳所用之字，秦時不行故也。何以知孔子書六經，左丘明作春秋傳，皆以古文，以得壁中書及張蒼所獻左氏傳故也。然則許序所述，史籀而後，文字變遷，悉係根據古經，追溯而得。後人謂許氏於字之變遷甚明，而不知許氏亦受人之欺；彼方自謂根據古經，得通古字；而不知當時所謂古經者，正據古字僞造也。

故漢時所謂古文學者，究其極，實不過一小學家之業。班志述小學始末曰：「元始中，徵天下通小學者以百數，各令記字於庭中，揚雄取其有用者，以作訓纂篇。」又曰：「蒼頡多古字，俗師失其讀。宣帝時，徵齊人能正讀者，張敞從受之。傳至外孫之子杜林，爲作訓故。」與許序所述，小異大同。孝平紀：「元始五年，徵天下通知逸經古記天文曆算鍾律小學史篇方術本草及㠯五經論語孝經爾雅教授者，在所爲駕一封軺傳，遣詣京師，至者數千人。」王莽傳：「元始四年，徵天下通一藝教授十一人㠯上，及有逸禮古書毛詩周官爾雅天文圖讖鍾律月令兵法史篇文字，通知其意者，皆詣公車，網羅天下異能之士，至者前後千數，皆令記說廷中，將令正乖繆，壹異說云。」此與志所謂徵通小學者以百數，許序所謂徵禮等百餘人者，皆系一事。許所稱爰禮，僅說文平字下一引其說，他無可考。秦近：或云「郎桓譚新論秦近君，能說堯典篇目兩字之誼，至十餘萬言，但說曰若稽古三萬言者。後漢書云：信都秦恭延君，守小夏侯說，增師法至百萬言。延君近君是一人。」未知信否？而講學大夫，則莽所置官。歐陽政徐宣等皆嘗爲之，見前書儒林傳後書徐防傳。揚雄張敞，尤爲古學大宗。雄傳云：「不爲章句，訓詁通而已。」此卽雄不守師法，專研小學之證。張敞者，杜鄴外祖。（漢書作鄴說文序作業）漢書郊祀志稱其「好古文字」，載其按美陽鼎銘上議事。杜鄴傳：「從敞子吉學問，得其家書，吉子竦，又從鄴學問。尤長小學。子林，正文字過於鄴竦。故世言小學者由杜公。」後書林傳：「林於西州得漆書古文尚書一卷。嘗寶愛之。雖遭艱困，握持不離身。」儒林傳謂衞宏徐巡，皆從之受。「賈逵爲之作訓，馬融作傳，鄭玄注解，由是古文尚書遂顯於世。」賈逵則許愼之師，衞宏又作毛詩序之人也。後漢明左氏及周官者，莫早於鄭興，興之學出於劉歆。揚雄固劉歆王莽之徒也。然則後漢時所謂古學者，推其原本固皆出於數通小學之人。緯候之作，僞起哀平，與古文經同時並出；然其說多本今文，則知所謂古文說者，實亦後出之物；當古學之初興，其與今學異者，不過文字之間耳；以經說非一時可造也。此尤足證古學爲小學家之業矣。盧植謂「古文科斗，近於爲實，而厭抑流俗，降在小學。」當時之人之遇古學家，則誠得其實也。

卽以文字論，當時所謂古文經，異於今文者，亦必寥寥無幾。何也？今許書中所載古文奇字，固寥寥無幾也。夫使誠如王充之說，「百篇之書，莫能讀者；」又如僞孔傳序之說，「科斗書廢已久，時人無能知者，」必「以所聞伏生之書，考論文義，」乃得「定其可知者，增多二十五篇；」試問向歆何由知之？可知所謂古文經，其異字實不多也。班志謂「揚雄取其有用者以作訓纂篇，」有用二字，最可玩味。訓纂字數，合倉頡爰歷博學，凡五千三百四十，此蓋人人之所知，日用之所亟。其出於此者，則揚雄傳所謂劉棻從雄問奇字，而亦卽莽六書中之所謂古文奇字者也。今鄭注儀禮備載今古文異字，所謂古經，猶可窺見。班志謂劉向以古文尚書校三家經文，文字異者七百有餘。後書劉陶傳：「推三家尚書及古文，是正文字三百餘事，名曰中文尚書。」知當時所謂古文經，異於今文者，不過如此而已。

夫使真有古書爲據，則所謂「出於屋壁，朽折散絕」者，其物之古近，夫豈口舌所能爭？博士「而無從善服義之公心，或懷妬嫉，不考情實，」劉歆但出其書以示之可矣；何待引魯國柏公，趙國貫公，膠東庸生等以爲徵驗；且以「先帝所親論今上所考視」相脅制哉？衞恆四體書勢：「魏初傳古文者，出於邯鄲淳。恆祖敬侯嘗寫淳尚書，後以示淳，而淳不別。至正始中，立三字石經，轉失淳法，因科斗之名，遂效其形。」可知所謂古文經者，皆係時人手寫之本，其真僞實不易究詰。（漢代古文考謂古文經皆有寫本所見甚是然其有無原本則不可知也）而其字體，亦不能無出入。江式表謂邯酈淳三字石經，校之說文，隸篆大同，而古字以異是也，此王莽之所以可改定古文也。

然則所謂古文者，特以其作法或與時俗不同而名之，猶今好古者，每字皆照說文作之，世遂稱其所寫多古字耳。倉頡篇乃李斯作，而漢志謂其多古字；王莽傳，徵天下通史篇文字者。「孟康曰：史籀所作十五篇古文書也。」可知古文卽在籀篆之中。以之與籀篆分立爲三體，實爲後來之事。康有爲曰：「五經中無籀篆隸三字，惟周官有卿乘篆車，又多隸字，可見籀篆隸三字，其出甚晚，以之爲書體之名，必後人所爲。」（見新學僞經考）誠不爲無見矣。此不信古文者，所以稱秦之隸書爲倉頡時書；予所以謂許述文字變遷，皆古文旣出後之說也。（許氏之說較班氏爲詳，卽其逐漸增造之證）後書光武紀注「漢制度曰：策書者，編簡也。其制長二尺，短者半之，篆書起年月日，稱皇帝，目命諸侯王三公，目罪免，亦賜策，而以隸書，用尺一木兩行。」馬援傳注:「東觀記曰:援上書:臣所假伏波將軍印,書伏字犬外嚮。成臯令印,臯字爲白下羊,丞印四下羊,尉印白下人人下羊。卽一縣長吏印文不同。恐天下不正者多。符印所以爲信也,所宜齊同。薦曉古文字者,事下大司空,正郡國印章。奏可。」然則篆隸古文,皆漢時所行用;便習史書者,皆能知之。(誠以六體則皆知古文矣)特此輩徒能書寫,一入古學家之手,遂能用之以造僞經耳。不龜手之藥一也,或以封,或不免於洴澼絖;豈其挾持之具果有以異於人哉?

然則漢時之古學家,皆作僞欺世之徒,一無足取乎?曰:是亦不然。古學家之罪,在造僞經以淆亂學術;而其功,則在發明小學。天下事莫不有例行乎其間。然人知卽事以求例,恆爲後起之事,其初則但率由之而不自知。文字之學,亦猶是也。吾國之有文字,蓋自三古以來。然硏求其例,實始於漢。觀予所論六書爲漢時之說可知。前此之所謂小學者,蓋特能諷其文,(自許以前字書皆韻語故九千字可諷也)知其義,筆之於書而已。自有許氏所謂通人者流，相繼研求，乃有所謂「字例之條」者，而小學之面目，乃煥然丕變焉。此輩所識之字，亦未必多於當時精習史書者，然其於小學，固不能謂其無功也，具詳予所著字例略說。

然則古文籀篆之變遷，可知已矣。自有文字以來，所謂「改易殊體」之事甚多。周人字書，存於秦漢時者，厥惟籀篇。卽籀篇中字異於秦漢時通行者而指目之，時曰籀書。又歷古相傳之字，旣異籀篇，又殊秦篆者，則曰古文。古文之形體，有不與常行之字相中者，則曰奇字。此其名皆後人所立。其在當時，亦不過循文字變遷之公例，逐漸改易；以爲有一人焉，有意改制，皆屬後人誤會。謂籀篇可考周時文字與周以前之不同倉頡爰歷博學等篇可考周秦文字之不同則可謂有史籀作籀篇李斯趙高胡毋敬作倉頡爰歷博學等篇而字體因之改易則不可文字之變遷自有其公例非一人所能爲此皆字體既異作字書者乃就當時所行之體書之耳至於古文，其年代縣遠者，或爲後人所不能識；如封泰山禪梁父者七十二家，仲尼夷吾，不能盡識是。若夫東周以後，則距秦漢時代較近；學術傳授，迄未嘗絕；卽有古書，字體決不能與秦漢大異；決非漢人所不能識。既知字體之改變非一人所爲卽知孔子書六經左丘明述春秋傳皆以古文之說之誣何者所著必當時通行文字孔子左丘豈有舍通行文字而獨寫古字之理耶況乎漢人得古文經一事，核其事實，全屬子虛。其爲通知古字之人所造更無疑義。然卽此卻又可覘小學之進步。此予所論自漢以前文字變遷之大略也。

漢代得古文之說，本極支離。稍深思之，卽知其誤。乃自晚近治金石文字者，以許書所載古文爲周末文字，更進而分古籀爲東西二土文字，而其說轉若可信。是亦不可不辨也。

晚近疑許書古文，言之成理者，當首推吳氏大澂。吳氏撰說文古籀補，其自序，謂「許書所引古籀，有不類周禮六書者。古器習見之字，卽成周通用之文，皆許氏古文所無。然則郡國所出鼎彝，許氏實未嘗見。許氏以壁中書爲古文，實乃周末所作，言語異聲，文字異形，非復孔子六經之舊簡」也。陳介淇序亦謂許書所引古文校以今傳周末古器字則相似疑孔壁古經亦周末人傳寫羅振玉治殷虛龜甲文，所撰殷商貞卜文字考亦謂「許書所載籀與古或異之字，證以刻辭，往往古籀本合。然則史篇之文，與壁中或異，非籀與古之異，乃古文自異。許所謂與古文或異者，乃就史籀篇以校壁中古文。許君蓋知大篆卽古文，而復著其異於古文者，猶篆文之下，並載或體；其曰籀文作某，猶云史篇作某；古語簡質，後人遂至誤會也」。夫文字公器，其存其廢，一隨社會爲轉移。周宣王時既行籀文，孔子左丘，安得生今反古？此許說最可疑之處也。自得此說而此疑解矣。然謂此說可信，則必信七國時諸侯力政，不統於王，言語異聲，文字異形之說。其說之不可信，已辨於前。且李斯之奏同文字也，罷六國文之不與秦合者；斯及趙高胡毋敬作字書，又皆取史籀大篆；是六國皆詭更正文，秦獨不然也。又何說以解之。王國維漢代古文考，乃復立說文所載古籀，爲周秦間東西二土文字之說。其說曰：「古文籀文，其源皆出殷周古文；而秦居宗周故地，其文字猶有豐鎬之遺；故籀文與自籀文出之篆文，其去殷周古文，反較東方文字爲近。刻辭文字，同於篆文者十五六，而合於許書所載之古籀，乃十無一二。蓋相斯所罷，皆列國詭更之文，所存多倉史之舊。史籀一書，殆出宗周文勝之後，春秋戰國之間；秦人作之以教學童，而不傳於東方諸國。故齊魯間文字，作法體勢，與之殊異。（王氏謂許書古文與籀文篆文頗不相近六國遺器亦然）諸儒著書口說，亦未有及之者。惟秦人作字書，乃獨取其文字，用其體例。倉頡三篇未出，大篆未省改以前，所謂秦文，即籀文也。司馬子長曰：秦撥去古文。揚子雲曰：秦剗滅古文。許叔重曰：古文由秦絕。秦滅古文，史無明文；有之，惟一文字與焚詩書二事。六藝之書，行於齊魯，爰及趙魏，而未嘗流布於秦。其書皆以東方文字書之。漢人以其用以書六藝，謂之古文。而秦人所罷之文，與所焚之書，皆此種文字。是六國文字，即古文也。觀秦書八體，有大篆，無古文；而孔子壁中書，與春秋左氏傳，凡東土之書，用古文不用大篆；是可識矣。說文古文，自成一系；與殷周古文，截然有別。蓋無出壁中書及左氏傳以外者。卽有數字，不見於今經文，亦當在逸經中；或因古今經字異同之故。亦戰國文字，非孔子及丘明時文字也。自秦滅六國，襲百戰之威，行嚴峻之法，以同一文字。凡六國文字之存於古籍者，已焚燒剗滅；而民間日用文字，又非秦文不得行。觀傳世秦權量等，始皇廿六年詔後，多刻二世元年詔；雖亡國一二年中，而秦法之行如此；則當日同文字之效可知。故自秦滅六國，以至楚漢之際，十餘年間，六國文字，遂遏而不行。漢人以六藝之書，皆用此種文字；又其文字爲當日所已廢；故謂之古文。此語承用既久，遂若六國之文，卽殷周古文；而篆籀皆在其後。其實敍所謂籀文與古文或異者，非史籀大篆與史籀以前之古文或異，實許君所見史籀九篇，與其所見壁中書，時或不同，以所見史籀篇爲周宣王時書，所見壁中古文爲殷周古文，乃許君一時之疏失也。」王氏之說如此。自得此說以資調停，而秦與六國文字之不同，其疑亦若可釋；而漢人所謂古文經者，雖非孔子左丘之遺，亦若不失爲六國時物矣。

然漢人得古文經之說，有最不可通者。夫以古文經爲盡人所能識，則不足以傲今文家。若其不然，則古文必大異於籀篆而後可。然今說文中古文，寥寥可數也。今若按說文寫經，有古文者皆寫古文，無古文者乃寫籀篆，其去全以籀篆寫之者無幾也；安得爲恆人所不識？謂古經實多古字，說文所載僅此耶？則自古經之出，至於許君，經學字學，傳授皆有端緒，遺佚安得如此其多？自東周以後，文化日蒸；學術傳授，迄未嘗絕；謂孔子左丘所用文字，爲漢人所不識，已不近情。況乎秦有天下，僅十五年，六國之民，存者何限？豈六國時字，漢人亦不能識耶？秦人法令雖酷，然天下之大，終必有威力所不及者。謂經焚書一役，古書存者，遂爾絕無僅有；雖傳授之廣如六經，亦必待屋壁之藏而後備，史記六國表秦既得意燒天下詩書諸侯史記尤甚爲其有所刺譏也詩書所以復見者多藏人家而史記獨藏周室以故滅可見當時所盡惟在官書私家之書原不能盡亦決非情理也。王氏於此，乃又爲之說曰：「許君說文敘云：今敘篆文，合以古籀。段君玉裁注之曰：小篆因古籀而不變者多。其有小篆已改古籀，古籀異於小篆者，則以古籀附小篆之後，曰古文作某，籀文作某。此全書之通例也。其變例，則先古籀，後小篆。又於皆取史籀大篆或頗省改下，注曰：許所列小篆，固皆古文大篆。其不云古文作某籀文作某者，古籀同於小篆也。其既出小篆，又云古文作某，籀文作某者，則所謂或頗省改者也。此數語可謂千古卓識。然所舉二例，猶未足以盡說文。何則？如段君之說，必古籀所有之字，篆文皆有而後可。然秦易籀爲篆，不獨有所省改，抑且有所存廢。凡三代之制度名物，其字僅見於六藝，而秦時已廢者，李斯輩作字書時所不取也。今倉頡三篇雖亡，然足以窺其文字及體例者，猶有急就篇在。急就一篇其文字皆倉頡中正字。其體例，先名姓字，次諸物，次五官，皆日用必需之字；而六藝中正字，十不得四五。故古籀中字，篆文固不能盡有。且倉頡三篇，五十五章，章六十字，凡三千三百字；且尙有複字；加以揚雄訓纂，亦祇五千三百四十字；而說文正字，多至九千三百五十三；此四千餘字者，許君何自得之乎？曰：此必有出於古文籀文者矣。故說文通例，如段君說，凡古籀與篆異者，則出古文籀文；至古籀與篆同，或篆文有而古籀無者，則不復識別。若夫古籀所有，而篆文所無，則旣不能附之於篆文後；又不能置而不錄；又無於每字下各注此古文此籀文此篆文之例；則此種文字，必爲書中正字。故敍所云今敍篆文，合以古籀者，當以正字言，而非以重文言。重文中之古籀，乃古籀之異於篆文，及其自相異者；正字中之古籀，則有古籀篆文俱有此字，亦有篆文所無而古籀獨有者；全書中引經以說之字，大半當屬第二類矣。」又曰：「漢初古文籀文之書未嘗絕。太史公修史記時，所據古書，若五帝德，若帝繫姓，若諜記。若春秋歷譜諜，若國語，若春秋左氏傳，若孔氏弟子籍，凡先秦六國遺書，非當時寫本者，皆謂之古文。其文字雖已廢不用，然在當時，尚非難識；故太史公自序云，年十歲則誦古文。惟六藝之文，爲秦所焚，故古寫本較少。然漢中祕有易古文經；河間獻王有古文先秦舊書，周官，尚書，禮，禮記，固不獨孔壁書爲然。至孔壁書出，於是尚書，禮，春秋，論語，孝經，皆有古文。孔壁書之可貴，以其爲古文經故，非徒以其爲古文故也。漢景武間，距用古文之戰國，不及百年；其識古文，當較今日之識篆隸爲易。乃論衡正說篇，謂魯恭王得百篇尚書於屋壁中，使使者取視，莫能讀者。作僞孔安國尚書序者仍之，謂科斗書廢已久，時人莫能知。衞恆四體書勢亦云；漢武時，魯共王壞孔子宅，得尚書，春秋，論語，孝經，時人已不復知有古文，謂之科斗書。是亦疏矣。自武昭以後，先秦古書，傳世益少；其存者往往歸於祕府。於是古文之名，漸爲壁中書所專有。然祕府古文之書，學者亦類能讀之。如劉向以中古文易經校施孟梁丘經及費氏經；以中古文尚書校歐陽大小夏侯三家經文；又謂禮古經與十七篇文相似，多三十九篇；謂孝經諸家說不安處，古文字讀皆異。劉歆校祕書，見古文春秋左氏傳，大好之。子政父子，皆未嘗受古文字學，而均能讀其書，是古文訖於西京之末，尚非難識，如王仲任輩所云也。」王氏又云漢書藝文志所錄經籍冠以古文二字若古字者，惟尚書古文經四十六卷，禮古經五十六卷，春秋古經十二篇，論語古二十一篇，孝經古孔氏一篇，然中祕古文之書固不止此，如六藝略所錄孔子徒人圖法二卷，未必非太史公所謂弟子籍，數術略所錄帝王諸侯世譜二十卷，古來帝王年譜五卷，未必非太史公所謂諜記及春秋歷譜諜，而志於諸經外書皆不著古今字，蓋諸經之冠以古字者，所以別其家數，非徒以其文字也。王氏此說，謂說文正字中亦有古文，則古文太少之疑解。謂古文非恆人所不能識，漢初古籀之書亦未嘗絕，則漢人不識六國時字，及六國時書，經秦一焚而即盡之疑亦解。古文書之奇祕，大減於前；然其說則較前平易可信。漢人之所謂得古文經者，真若有六國時物，為其所得矣。然予終疑漢人所謂古文經，為漢人用古字僞造，即王氏之說，亦未允也。何以明之？

案王氏之說，最緊要之關鍵，在「六藝之書，行於齊魯，爰及趙魏，而未嘗流布於秦，其書皆以東方文字書之」及「史籀一書，秦人作之以教學童，而不傳於東方諸國」二語；使此二語而確，則謂周秦間東西文字有異可也。然所謂六藝之書，以東方文字書之者，乃即藉漢人「孔子書六經左丘明述春秋傳」之說爲證；行於齊魯，爰及趙魏，而未嘗流布於秦，則更無確據；安足取信？秦焚詩書，以非博士官所職爲限，此博士官所職，一切得自六國，而秦固無有耶？呂不韋集知略之士，以造春秋，其中儒家言實最多。（予別有考）王氏說二戴記亦古文，（見下）而呂覽十二紀，即大同戴記月令。然則不韋之書，秦亦無人能讀耶？籀文不傳東方諸國，其根據當在「齊魯間文字，作法體勢，與之殊異」一語。此語之根據，又當在「許書古文與籀篆不近，六國遺器亦然」一語；然古器傳於今者甚少；其中且有僞物，字跡輾轉相放；古字之可考者，亦極有限耳。執此有限之字，遂定當日文字，東西不同，亦未免早計也。王氏既謂六國文字與篆籀不近，又謂說文正字中亦有古文，然則此古文卽六國文字之在說文正字中者，作法體勢，何以又與籀篆相近乎；且謂李斯等作字書，不能盡六藝中字，許書引經以說之字，大抵屬於古文；亦未思班固續訓纂作十三章，明言「六藝羣書所載略備」十三章字數，少於許書者，尙三千餘也。謂諸儒著書口說，不及籀篇，則古代之書，爲諸儒所未及者何限？可一舉而僞之乎？古書率詳經世之業，皆成人之事，涉小學者極少，安所取而及識字之書哉？秦書八體，說不足信，辨已見前。（漢志小學家有八體六技而無秦書八體之說則此八體不能指爲許序之秦書八體）據其中無古文，爲秦廢六國文字之證，亦不可信也。文字公器，其存其廢，一隨社會爲轉移，本非官力所能强制；卽曰能之，亦能及公，不能及私。權量刻石，皆官物也。王氏於非秦文不得行上，加以「民間日用」四字，秦人果有何權力而能及此乎？謂「漢初古文籀文之書未嘗絕，」又謂「六國文字，存於書籍者，已焚燒剗滅，」說亦矛盾。若謂「六藝之文，爲秦所焚，故古寫本獨少，」則秦人焚書，固兼及百家語也。至謂「先秦六國遺書，非當時寫本者，謂之古文，」則說尤牽強。古文二字，自指文字言，非可以爲古書之稱也。王氏所舉證，如漢志等，皆古經旣出後之說，不足爲據；其最足據者，則史記也。案古文二字，見於史記者凡八。今不避繁冗，一一辨之。

〔五帝本紀〕大史公曰：學者多稱五帝，尙矣。然尙書獨載堯以來；而百家言黃帝，其文不雅馴，薦紳先生難言之。孔子所傳宰予問五帝德及帝繫姓，儒者或不傳。余嘗西至空桐，北過涿鹿，東漸於海，南浮江淮矣，至長老皆各往往稱黃帝堯舜之處，風教固殊焉。總之不離古文者近是。予觀春秋國語，其發明五帝德帝繫姓，章矣。顧第弗深考。其所表見皆不虛。書缺有間矣，其軼乃時時見於他說，非好學深思，心知其意，固難爲淺見寡聞道也。余幷論次，擇其言尤雅者，故著爲本紀書首。

案史記一書，爲後人竄亂最多。觀近人崔氏適所著史記探原可見。此書間有過疑處，亦有當疑而未嘗疑者，然大體則是此贊文義且幾於不通，其決非史公原文，尤不待言也。「總之不離古文者近是，」所謂古文，係指何書乎？索隱曰：「古文，卽帝德帝繫二書也。」然則上文何不如吳大伯世家之例，徑稱此二書爲古文，而於此處突焉改稱，誰明之乎？所謂「春秋國語」當必指左氏及國語言之，今此二書具存，發明五帝德帝繫姓者安在？今帝德帝繫，具存大戴記中；文字明白，孰不能曉？豈轉待左氏國語之單辭隻義，以發明之耶？「顧第弗深考，其所表見者皆不虛，」語不可解。「書缺有間矣。其軼乃時時見於他說。」又卽指春秋國語發明五帝德帝繫姓言之，何煩作此重複之辭乎？蓋古書遭後人竄亂，有有意爲之者，有無意致然者，無意竄亂之中，後人校識之語，混入正文者尤多。詳見予所撰章句論「予觀春秋國語。其發明五帝德帝繫姓章矣」，蓋一人所竄，而「書缺有間」云云，則又讀此二語之識語也。

〔三代世表〕大史公曰：余讀諜記，黃帝以來，皆有年數，稽其曆譜諜，終始五德之傳，古文咸不同，乖異。

案此謂諜記皆有年數，與十二諸侯年表云「譜諜獨記世謚」矛盾。

〔十二諸侯年表〕大史公曰：儒者斷其義，馳說者騁其辭，不務綜其終始；曆人取其年月，數家隆於神運；譜諜獨記世謚，其辭略，欲一觀諸要難。於是譜十二諸侯，自共和訖孔子，表見春秋國語，學者所譏盛衰大指，著於篇，爲成學治古文者要刪焉。〔集解〕徐廣曰：一云治國聞者也。

案春秋之作，蓋以明義。故曰：「其事則齊桓晉文，其文則史，其義則丘竊取之矣。」大史公亦曰：「春秋文成數萬，其指數千」也。此篇上文云：「孔子明王道，干七十餘君，莫能用。故西觀周室，論史記舊聞，興於魯而次春秋；上記隱，下至哀之獲麟。約其辭文，去其煩重，以制義法，王道備，人事浹。七十子之徒，口受其傳指，爲有所刺譏褒諱挹損之文辭，不可以書見也。魯君子左丘明，懼弟子人人異端，各安其意，失其真；故因孔子史記，具論其語，成左氏春秋。鐸椒爲楚威王傳，爲王不能盡觀春秋，采取成敗，卒四十章，爲鐸氏微。趙孝成王時，其相虞卿，上采春秋，下觀近勢，亦著八篇，爲虞氏春秋。呂不韋者，秦莊襄王相。亦上觀尚古，删拾春秋，集六國時事，以爲八覽六論十二紀，爲呂氏春秋。及如荀卿，孟子，公孫固，韓非之徒，各往往捃摭春秋之文以著書，不可勝記。漢相張蒼，歷譜五德。上大夫董仲舒，推春秋義，頗著文焉。」所謂「孔子次春秋；七十子之徒口受其傳指；董仲舒推春秋義，頗著文焉」以及鐸氏，虞氏，呂氏，荀，孟，公孫、固，韓非之徒，苟所采摭而出於孔子所修春秋之傳指；皆所謂「儒者斷其義」也。苟僅采摭行事，以助辭說，則所謂「馳說者騁其辭」也。「魯君子左丘明」以下三十五字，必遭後人竄改。（意與漢志論左氏之語略同，然彼云論本事而作傳，此云成左氏春秋，卽其竄改未盡之迹，蓋因與虞氏春秋、呂氏春秋並舉，故得不改也。）左氏原書，蓋其所記之事，與孔子託以明義之事略同；而其書則與孔子所修之春秋無涉。（故必待劉歆引傳文以解經也，見前。）以其分國編纂也，則謂之國語；以其著書之人名之，則謂之左氏春秋；猶呂氏春秋，又稱呂覽，蓋亦所謂「馳說者騁其辭」也。張蒼曆譜五德，則所謂「數家隆於神運」者也。儒者馳說者，既不綜事之終始；數家及譜諜，雖具朝代世次，而亦不詳年月；惟曆人獨有取焉。十二諸侯年表，蓋取此數家之朝代世系事迹，一一以曆人之年月編排之。故此表未成以前，欲「一觀諸要難」；既成以後，則此數家所記，一一挈其綱領，得所會歸；故曰：「爲成學治國聞者要刪焉」。「國聞」者，對野獲之辭。若有如今之左氏傳，則固已綜其事之終始，具其世次年月，太史公何得一筆抹殺，自專「要删」之功。若云當作古文，他書固勿論，豈張蒼董仲舒著書，亦寫以古文耶。

〔封禪書〕羣儒既已不能辨明封禪事，又牽拘於詩書古文而不能騁。

案崔氏謂此書已亡，後人錄漢書郊祀志補之是也。即不論此，此二語亦有不可解者。如王氏說，凡古書概稱古文，此處及自序之「秦撥去古文，焚滅詩書」皆以古文與詩書對舉，似括各種古書言之矣。然自序又曰：「厥協六經異傳，整齊百家雜語」正以詩書與百家語對舉，與秦始皇本紀同，何耶？

〔吳大伯世家〕大史公曰余讀春秋古文，乃知中國之虞，與荆蠻句吳兄弟也。

案此語王氏謂「即據左氏宮之奇所云：大伯虞仲大王之昭者，」以爲說，似矣。然如前文所辨，實祇有國語，有左氏春秋，而無左氏傳。卽謂不然，大史公最信公羊，自序一篇昭然可見。安得於此，忽尊左氏，繫之春秋？況如王氏說，古文二字，卽古書之謂，而乃繫之春秋二字之下，曰春秋古書，毋乃不詞乎？

〔仲尼弟子列傳〕大史公曰：學者多稱七十子之徒，譽者或過其實，毀者或損其眞，鈞之未覩厥容貌。則論言弟子籍，出孔氏古文近是。余以弟子名姓文字，悉取論語弟子問，并次爲篇，疑者闕焉。

案此贊亦妄人所爲，不値一噱。以貌取人，古人所戒。毀譽失實，卽覩其容貌何益？且「鈞之未覩厥容貌」與「則論言弟子籍」句，如何相接？此贊文義之不通，與五帝本紀贊等，疑亦雜鈔後人識語，而又有譌奪，并非有意改竄也。仲尼弟子，史記而外，惟王肅所定家語有之。正僞造孔氏古文之人也。此語爲後人所竄無疑。

〔大史公自序〕大史公既掌天官，不治民。有子曰遷。遷生龍門，耕牧河山之陽。年十歲則誦古文；二十而南遊江淮；上會稽，探禹穴；闚九疑，浮於沅湘；北涉汶泗；講業齊魯之都；觀孔子之遺風，鄉射鄒嶧；戹困鄱薛彭城，過梁楚以歸。於是遷仕爲郎中，奉使西征巴蜀以南，南略邛笮昆明，還報命。

案前後各句皆地名，大史公自述經歷，所重在地也。忽羼入「則誦古文」一句，僞造之跡甚顯。若大史公自述其學，則可託之事多矣，何得單舉誦古文一事？

〔又〕維漢繼五帝末流，接三代統業。周道廢，秦撥去古文，焚滅詩書，故明堂石室金匱玉版圖籍散亂。於是漢興，蕭何次律令，韓信申軍法，張蒼爲章程，叔孫通定禮儀，則文學彬彬稍進，詩書往往間出矣。自曹參薦蓋公言黃老，而賈誼，鼂錯明申商，公孫弘以儒顯。百年之間，天下遺文古事，靡不畢集大史公。大史公仍父子相續，纂其職。

案「撥去古文」句之不可信，已辨於前。曰「遺文古事，靡不畢集大史公」，則古書之不可但稱古文也審矣。

以上皆史記中古文字，不能作爲古書解者。卽求之漢書：郊祀志：張敞上議曰：「臣愚不足以迹古文，」則承上「今鼎出於郊東中有刻書曰」云云言之也。藝文志：劉向「以中古文易經校施孟梁丘經，」以中古文冠易經；又云「以中古文校歐陽大小夏侯三家經文，」則承上文安國獻之言之云；孝經「經文皆同，唯孔氏壁中古文爲異」則承上「經文」言之也。楚元王傳：「而上方精於詩書，觀古文」則承詩書言之也。云「及歆校祕書，見古文春秋左氏傳」「及歆親近，欲建立左氏春秋及毛詩，逸禮，古文尙書」則以古文冠春秋左氏傳及尙書也。歆移書太常博士曰：「而得古文於壞壁之中，逸禮有三十九，書十六篇，」則以古文冠逸禮及書；曰「其古文舊書，皆有徵驗，」則古文舊書四字連言；曰「夫禮失求之於野，古文不猶愈於野乎？」則承上文諸書名言之也。景十三王傳：河間「獻王所得，皆古文先秦舊書，周官，尙書，禮，禮記，孟子，老子之屬，」則古文先秦舊書六字連言，下乃列舉其書名也。曰魯共王餘，「壞孔子舊宅，於其壁中得古文經傳，」則古文經傳四字連言也。楊胡朱梅云傳：「推迹古文，以左氏，穀梁，世本，禮記相明，」則冒左氏，穀梁，世本，禮記言之也。卽地理志於古文尙書家說，但謂之「古文，」亦以序已有「采獲舊聞，考迹詩書，推表山川，以綴禹貢，春秋，」之言故也。亦未有徑以古文二字爲古書者。王氏據史記僞誤之文，別生新解，不亦鑿乎？

王氏又博考諸經之古文本。其中除易中古文本，費氏本，書孔氏本，禮孔壁淹中本，春秋孔壁本，左氏孔壁本，論語，孝經，皆見志及許序，前已辨其不足信外。

孝經又見許沖表其不足信與許序同其謂書有伏氏本，本史記儒林傳。儒林傳云：「伏生者，濟南人也。故爲秦博士。孝文帝時，欲求能治尚書者，天下無有。乃聞伏生能治，欲召之。是時伏生年九十餘，老不能行。於是乃詔太常，使掌故朝錯往受之。秦時焚書，伏生壁藏之。其後兵大起，流亡。漢定，伏生求其書，亡數十篇，獨得二十九篇，卽以教於齊魯之間。學者由是頗能言尚書。諸山東大師，無不涉尚書以教矣。伏生教濟南張生及歐陽生，歐陽生教千乘兒寬。」云云：自「秦時焚書」以下六十五字，與上下文絕不聯屬。大史公自序云：「晁錯明申商」，漢書作「申韓」。今觀錯傳，凡所建白，多法家及兵家言，絕無及尚書者。古人學問，皆由口耳相傳，不恃竹帛。伏生傳書，何至專恃壁藏；壁藏有亡，遂獨以二十九篇爲教乎？今逸書篇名，見於書大傳者甚多，何至獨能憶二十九篇哉？逸書篇名見於書大傳者有九共帝告說命大誓嘉禾槀命大戰揜誥多政凡九然此乃逸書伏生所傳之書固無不備猶詩三百五篇而佚詩散見者亦甚多也旣云「漢定，伏生卽以教於齊魯之間」，又云「文帝時求能治尙書者天下無有，」然則山東大師，及伏生所教者何往耶？史記此節，爲後人僞竄，殆無疑義矣。其云書禮禮記之河間本及周官，同本漢書景十三王傳。傳云：「獻王所得，皆古文先秦舊書周官，尙書，禮，禮記，孟子，老子之屬，皆經傳說記，七十子之徒所論。」此三句文義，亦不相聯屬。老子並非經傳說記，七十子之徒所論也。且此事不見史記，其爲僞造，亦屬顯然。隋書經籍志：「漢初，河間獻王又得仲尼弟子及後學者所記一百三十一篇，獻之，時亦無傳之者。至劉向考校經籍，檢得一百三十篇，向因第而敘之；而又得明堂陰陽記三十三篇，孔子三朝記七篇，王氏史氏記二十篇，樂記二十三篇；凡五種，合二百十四篇。戴德刪其繁重，合而記之，爲八十五篇，謂之大戴記。而戴聖又刪大戴之書爲四十六篇，謂之小戴記。漢末，馬融遂傳小戴之學。融又作月令一篇，明堂位一篇，樂記一篇，合四十九篇。而鄭玄受業於融，又爲之注。」王氏謂「經典釋文敘錄引劉向別錄云：古文記二百十四篇，數正相合；則獻王所得禮記，蓋卽別錄之古文記；是大小戴記本出古文。史記以五帝德帝繫姓，孔氏弟子籍爲古文，亦其一證也。」案釋文敍錄云：「劉向別錄：古文記二百四篇。」又引陳邵周禮論序云：「戴德删古禮二百四篇爲八十五篇，謂之大戴禮。戴聖删大戴禮爲四十九篇，是爲小戴禮。後漢馬融盧植，考諸家同異，附戴聖篇章，去其繁重，及所敍略，而行於世；卽今之禮記是也。鄭玄亦依盧馬之本而注焉。」兩說皆謂古文記二百四篇，王氏謂釋文引別錄二百十四篇者誤也。然此二百四篇中百三十一篇，實爲今學。陳邵隋志謂删古文記爲之，亦誤也。漢志禮家：「記百三十一篇」自注：「七十子後學者所記也。」此爲今學，卽諸家所謂大戴記百三十一篇者。又「明堂陰陽三十三篇」「王史氏二十一篇」，此卽所謂「多三十九篇及明堂陰陽，王史氏記者。」見前此外曲臺后倉記，乃漢師所撰。中庸說，明堂陰陽說皆說周官經，周官傳，別爲一書。軍禮司馬法，班氏所入。封禪議，封禪羣祀議奏，皆漢時物。惟古封禪羣祀，可以相加。合記百三十一篇及明堂陰陽，王史氏記，凡二百七。如隋志言，月令明堂位樂記爲後加，則正二百四也。然樂記正義引別錄：禮記四十九篇；後書橋玄傳：「七世祖仁，著禮記章句四十九篇；（仁即前書儒林傳所謂小戴授梁人橋仁季卿者）曹褒傳：「父充治慶氏禮，褒又傳禮記四十九篇，慶氏學遂行於世」；一似禮記四十九篇，爲大小戴慶氏所共者，抑又何耶？按陳邵言馬融盧植，去其繁重及所敘略，而不言更其篇數，明有所加亦有所減，而篇數則仍相同。今禮記曲禮，檀弓，雜記，皆分上下，實四十六篇。四十六加大戴記八十五，正百三十一。然則別錄所謂二百四篇者，其目已具漢志；其中百三十一篇，實博士相傳之舊，無所謂刪古記而爲之也。然今禮記四十九篇，其中多雜古文說，何也？曰：記與傳不同。孔子刪定之書，名之曰經；後學釋經之書，稱之曰傳。經以明義，傳以釋經，於事固不能盡具。夫其不能盡具者；或本諸義以爲推，此卽漢志所譏后倉等「推士禮而致於天子」之說；實卽所謂「禮之所無，可以義起」也。或取舊制以資補苴，此則儀禮正義所謂「凡記皆補經所不備」今禮記中多有「記曰」字，疏皆以爲舊記是也。諸經皆所重在義，義得則事可忘。惟禮須見諸施行；雖可本諸義以爲推，然苟有舊記以資參證，事亦甚便。此禮家先師所以視記獨重，諸經皆無所謂記，而禮獨有之也。然則今文禮家，固不妨兼有古文之記；此正可見今文先師之弘通博洽矣。今禮記中奔喪，投壺，鄭皆謂同逸禮；則古文家所謂逸禮，原不過拾今文之唾餘，而轉訾今文家於國家大禮，幽冥而莫知其原，可謂善誣矣。然則安有所謂刪古禮而爲百三十一篇者，而王氏以二戴記原出古文，不愈疏乎？至於毛詩，則漢人本不言有古文本，卽王氏亦謂無之。漢志又有毛公之學自謂子夏所傳而河間獻王好之自謂云者不信之之詞也此亦可見河間得舊書云云爲子虛烏有之詞矣 據杜林漆書古文尚書，鄭玄注禮以古校今，而謂古文經有轉寫本，則愈疏矣。原本且不可信，況轉寫本乎？漢代之所謂古文經者，其不可信如此，故予終以爲漢人用古字僞造也。

漢時之所謂古文者，流俗又稱爲科斗書；其後遂擧異於通行之字，爲時人所不識者，皆被以科斗之名；則其名尤鄙陋，而其事尤無據矣。案稱古文爲科斗者，始見於後書盧植傳。書序疏古文者蒼頡舊體周世所用之文字孔子壁內古文卽蒼頡之體故鄭玄云書初出屋壁皆周時象形文字今所謂科斗書以形言之爲科斗指體卽周之古文是鄭玄猶未用科斗之名也傳云：「時始立太學石經，以正五經文字。植乃上書曰：古文科斗，近於爲實；而厭抑流俗，降在小學。中興以來，通儒達士，班固，賈逵，鄭興父子，並敦悅之。」家語後序：「天漢後，魯恭王壞夫子故宅，得壁中詩書，悉以歸子國。子國乃考論古今文字，撰衆師之義；爲古文論語訓十一篇，孝經傳二篇，尚書傳五十八篇，皆所得壁中科斗本也。」又子國孫衍上書曰：「臣祖故臨淮太守安國，仕於孝武皇帝之世；時魯恭王壞孔子故宅，得古文科斗尚書，孝經，論語，世人莫有能言者。安國爲之今文讀而訓傳其義。」衛恆四體書勢：「自黃帝至三代，其文不改。及秦用篆書，焚燒先典，而古文絕矣。漢武時，魯恭王壞孔子宅，得尚書，春秋，論語，孝經，時人以不復知有古文，謂之科斗書。」水經注泗水篇：「自秦燒詩書，經典淪缺。漢武帝時，魯恭王壞孔子宅，得尚書，春秋，論語，孝經，時人已不復知有古文，謂之科斗書。」此並以漢時之所謂古文爲科斗書也。其後晉人得汲冢書；南齊時，襄陽發古冢，得竹簡；亦皆稱其字爲科斗書。晉人得汲冢書事見杜預左傳集解後序及疏引王隱晉書束晳傳今晉書束晳傳杜後序曰汲郡汲縣有發其界內舊冢者大得古書皆簡編科斗文字科斗書久廢推尋不能盡通始者藏在祕府余晚得見之疏引王隱晉書束晳傳曰太康元年汲郡民盜發魏安釐王冢得竹書科斗漆字之文今晉書束晳傳曰太康二年汲郡人不準盜發魏襄王墓或言安釐王冢得竹書數十車漆書皆科斗書南齊時襄陽發冢得書事見南齊書文惠太子傳云時襄陽有盜發古冢者相傳云是楚王冢大獲寶物玉屐玉屛風竹簡書青絲編簡廣數分長二尺皮節如新後人有得十餘簡以示撫軍王僧虔僧虔云是科斗書考工記周官所闕文也 案汲郡襄陽所得，果何代物不可知，就令真爲古物，其文亦今已不傳。今得考見漢人所謂古文者，莫如魏正始中所立三字石經。此經實行盧植之說。書勢云：「魏初傳古文者，出於邯鄲淳；恆祖敬侯，嘗寫淳尙書，後以示淳，而淳不別。至正始中，立三體石經，轉失淳法，因科斗之名，遂效其形。太康元年，汲郡人盜發魏襄王冢，得策書十餘萬言。按敬侯所書，猶有髣髴。」據此，知當時書石經者，所譌僅筆畫形狀，字體當無所失。今此經於淸光緒二十年在洛陽出土。按其所列古文，與說文所載，並無大異，知漢人所謂古文，不過如此。王隱書云：「科斗文者，周時古文也；其字頭麤尾細，似科斗之蟲，故俗名之焉。」後書盧植傳注，亦曰：「古文，謂孔子壁中書，形似科斗，因以爲名。」知科斗之名，原因筆畫形狀而立。然觀「因科斗之名，遂效其形」云云，則當時作古文者，卽於筆畫形狀，亦無眞知灼見也。晉書束皙傳又云：「時有人於嵩高山下得竹簡一枚，上兩行科斗書。傳以相示，莫有知者。司空張華以問皙，皙曰：此漢明帝顯節陵中策文也。檢驗果然。時人伏其博識。」

此則明以漢時篆書爲科斗文，知當時之所謂古文者，多此類矣。儀禮士冠禮疏武帝之末魯恭王壞孔子宅得古儀禮五十六篇其字皆以篆書是爲古文亦以篆書爲古文

## 第四章 隸書八分正書

如右所論，中國文字，完整可見者，當始於籀篆。籀篆並非書體之異名見前籀篇六體當不異許書其所異者說文所載尚當十得其六以籀書十五篇建武時亡者六篇其九篇猶爲許所見也籀篆之所以完整可見以漢時猶有字書存也籀篆以前之文字，今尚不能知其詳；其如何變遷而成篆書，更無由知之矣。由今日觀之，則隸之變篆，草之變隸，實爲字形之大變；正書乃隸書之小變行則介乎眞草之間者耳然其變遷之始，亦不過筆勢之殊，作始也簡，將畢也巨；自後視之，截然兩體；當其初，則其別僅在微茫，竭後人之考索，而猶或不能辨。此亦足徵吾文字皆由逐漸變遷，而無一人焉，爲之創造之說也。

隸書之始：漢志云：「起於官獄多事，苟趨簡易，施之於徒隸。」許序云：「官獄職務繁，初有隸書，以趨約易。」衞恆云：「秦既用篆，奏事繁多，篆字難成，卽令隸人佐書，曰隸字。漢因用之。獨符璽幡信題署用篆。隸書者，篆之捷也。」此但言隸書施用之由，而不鑿指創造之人，其說最確。許序述亡新六書，「三曰篆書，卽小篆，秦始皇皇帝使下杜人程邈所作也。」段氏云：「此十三字，當在下文左書卽秦隸書之下。上文明言李斯趙高胡毋敬，皆取史籀大篆，省改，所謂小篆，則作小篆之人，既顯白矣，何容贅此，自相矛盾耶？況蔡邕聖皇篇云：程邈刪古立隸文；而蔡剡，衞恆，羊欣，江式，庾肩吾，王僧虔，酈道元，顏師古，亦皆同辭，惟傳聞不一，或時許書已譌，是以衞巨山疑而未定耳。」（書勢論小篆曰或曰下杜人程邈爲衞吏得罪始皇幽繫雲陽十年從獄中作大篆少者增益多者損減方者湊圓圓者使方奏之始皇始皇善之出爲御史使定書或曰邈所定乃隸字也）案段說似矣。然衞恆晉初人，於此既有疑辭；後來之人，豈得反有灼見。其辭之同，特輾轉相襲耳，豈足爲據？

後漢書儒林傳注篆書謂小篆秦始皇使程邈所作也隸書亦程邈所獻小徐說文注云斯等雖改史篇而程邈後同作也竝依許序爲調停之辭況許序曰：「左書卽秦隸書，」系以秦制釋新制。隸爲誰造，應於敘秦事時言之，不應於此補出。則此語在篆書下固非，在隸書下亦未爲得也。

又有所謂八分書者，在今日觀之，似隸之類，正書亦稱真書，又作楷書，則筆畫形狀，與隸不同。然分隸之別，究竟如何？正書究始何時？則罕有能言之者。是亦宜加考索也。書苑引蔡文姬之言曰：「臣父造八分。割程隸八分取二分，割李篆二分取八分。」其說殊不可曉。張懷瓘書斷云：「八分者，秦羽人上谷王次仲所作也。王愔云：次仲始以古書方廣少波勢，建初中，以隸草作楷法。字方八分，言有模楷。又蕭子良云：靈帝時，王次仲飾隸書爲八分。二家俱言後漢，而兩帝不同。且靈帝之前，工八分者非一，而云方廣，殊非隸書。既言古書，豈得稱隸。若驗方廣，則篆籀有之，變古爲方，不知所謂也。案序仙記云；王次仲，上谷人。少有異志。早年入學，屢有靈奇。年未弱冠，變蒼頡書爲今隸書。始皇時，官務繁多，得次仲文，簡略赴急疾之用，甚喜。遣使召之。三徵不至。始皇大怒，制檻車送之，於道化爲大鳥，出在檻外，翻然長引，至於西山，落二翮於山上。今爲大翮小翮山。山上立祠，水旱祈焉。又魏土地記云：沮陽縣城東北六十里，有大翮小翮山。又楊固北都賦云：王次仲匿術於秦皇，落雙翮而冲天。案數家之言，明次仲是秦人。既變蒼頡書，卽非效程邈隸也。案蔡邕勸學篇：上谷王次仲，初變古文是也。始皇之世，出其數書。小篆古文，猶存其半。八分已減小篆之半，隸又減八分之半，然可云子似父，不可云父似子，故知隸不能生八分矣。本謂之楷書，楷者，法也，式也，模也，或云：後漢亦有王次仲，爲上谷太守，非上谷人。又楷隸初制，大範幾同，故後人惑之。學者務之。蓋其歲深，漸若八字分散，又名之爲八分。時人用寫篇章，或爲法令，亦謂之章程書。故梁鵠云：鍾繇善章程書是也。」按懷瓘此斷，自相矛盾。既謂楷隸初制，大範幾同；又力辨楷隸非一，引序仙記等荒唐之說爲證。又不知章程書與分隸之別，可謂無所折衷矣。至於正書，則書斷未列其名。而其論隸書曰：「八分則篆之捷，隸亦八分之捷，漢陳遵，字孟公，京兆杜陵人。哀帝之世，爲河南太守。善隸書，與人尺牘，主皆藏弃之以爲榮。此其創開隸書之始也。爾後鍾元常王逸少，各造其極焉」其六體書論曰：「隸書者，程邈造也。字皆真正，曰真書。」則明以真書與隸書爲一。宋宣和書譜云：「上谷王次仲，始以隸字作楷法。所謂楷書，卽今之正書也。人旣便之，世遂行焉。西漢之末，隸字石刻，間雜正書。降及三國，鍾繇乃有賀克捷表，備盡法度，爲正書之祖。」則又謂分出於隸，正出於分，衆說紛如，未免莫衷一是矣。

案論篆隸分楷之變遷者，莫諦於顧氏藹吉。藹吉隸八分考曰：「隸與八分，有波勢無波勢微異，非兩體也。漢世統名曰隸。八分之名，亦後人名之耳。」「吾衍字源七辨云：秦隸書不爲體勢，卽秦權漢量上刻字。人多不知，亦謂之篆。漢隸者，蔡邕石經及漢人諸碑上字，皆有挑法，與秦隸同名，其實則異。又謂之八分。」「前漢尙用秦隸，今有五鳳二年刻石，在曲阜孔廟中，與隸續所載建平郫縣碑，字皆無波勢。何君閣道碑，立於後漢建武中元二年，路君闕立於永平八年，隸釋謂其字法方勁，兼用篆體。自建初以後，有王稚子闕，立於元興元年，發筆皆長。隸釋謂是八分書。則王愔云王次仲於建初中作，其言爲可信。」今按四體書勢：「上谷王次仲，始作楷法。至靈帝好書，時多能者，而師宜官爲最。大則一字徑丈，小則方寸千言。甚矜其能。或時不持錢，詣酒家飲，因書其壁，顧觀者以酬酒直，計錢足而滅之。每書，輒削而焚其柎。梁鵠乃益爲柎而飲之酒，候其醉而竊其柎。鵠卒以書至選部尙書。」又曰：「鵠宜爲大字，邯鄲淳宜爲小字。鵠謂淳得次仲法。然鵠之用筆，盡其勢矣。鵠弟子毛宏，教於秘書，今八分皆宏之法也。」此明言王次仲作楷法；鵠之用筆，盡次仲之勢，而八分之法，出於鵠弟子毛宏。則楷法卽八分可知。

莊氏綬甲釋書名亦曰：「王愔文字志古書三十六種。有楷書而無八分。初學記蕭子良古今篆隸文體，亦有楷書而無八分。玉海引墨藪五十六種書，有程邈隸書，王次仲八分，而無楷書。明八分與楷，異名同實」也。顧氏又曰：「自鍾王變體，謂正書爲隸書，因別有八分之名。然王僧虔能書人名云：王次仲作八分楷法；唐玄度十體書云：王次仲乃作八分楷法；亦未嘗專以八分名也。又江式論書表云：詔於太學立碑，刊載五經，題書楷法，多是邕書；徐浩論書云：程邈變隸體，邯鄲淳傳楷法；則尙有專名楷法者。惟蔡希綜法書論，乃謂王次仲以隸書改爲楷法，又以楷法變爲八分，則竟以次仲所變爲八分，而楷法八分，各爲一體矣。今俗相承以正書爲楷書，昔人謂之章程書。韋續五十六體書。八分書，魏鍾繇謂之章程書。張懷瓘書斷云：八分時人用寫篇章，或寫法令，亦謂之章程書。二說皆非也。按王僧虔能書人名云：鍾有三體：一曰銘石之書，最妙者也。二曰章程書，傳祕書，教小學者也。三曰行押書，相聞者也。所謂銘石書者，蓋八分也。世說新語注云：鍾會善效人書。於劍閣要鄧艾章程白事，皆易其言。又毀文王報書，手作以疑之。章程白事者，以章程書白事也。章程書者，正書也。今所傳鍾繇賀捷，力命，季直三表，皆是正書。豈鄧艾白事，獨用八分乎？當時以八分用之銘石，其章奏，箋表，傳寫，記錄，日用之字，皆用正書，亦謂之章程書。如繇書受禪碑，卽八分也，宣示，戎輅，力命諸帖，卽章程書也。二王無銘石書，黃庭，樂毅，畫讚，曹娥，洛神，章程書也。唐所謂隸書，卽今之正書。所謂八分，卽漢之隸書。魏晉以降，凡工正書者，史皆稱其善隸。王羲之傳云，善隸，爲古今之冠是也。唐亦因之弗改耳。林罕字源偏旁小說序云：開元以隸體不定，復隸書字統，名曰開元文字。大歷中，張參作五經文字，開成中，唐玄度作九經字樣，況是隸書，莫知篆意。今開元文字，世有板本。張參玄度之作，石刻猶存。悉是正書。唐謂正書爲隸，此其證也。蔡有隣，韓擇木輩，唐所稱工八分者，其石刻俱在。蔡有尉遲迴碑，韓有告華嶽文，與漢碑中字無異。張紳法書通釋云，吾衍謂隸有秦隸漢隸，的是至論。今當以晉人真書，謂之晉隸，則自然易曉矣。又陸深書輯云：程邈所上，務趨便捷，謂之隸書。王次仲分取隸篆之間，謂之八分，自邈以降，謂之秦隸。賈魴三倉，蔡邕石經諸作，謂之漢隸。鍾王變體，謂之古隸。斯言亦當，惟以八分爲分取篆隸之間，有可議耳。」——莊氏曰眞書謂爲晉隸則不可眞書雖亦稱隸而非始於晉也又曰書斷八分則小篆之捷隸亦八分之捷漢陳遵善隸書與人尺牘主齊藏弆以爲榮此其開創隸書之始也嗣後鍾元常王逸少各造其極爲程邈即隸書祖也懷瓘謂此隸爲開八分之捷以當今之正書而雅合于陳遵鍾王之迹一則曰陳遵爲開創隸書之始一則曰程邈即隸書祖明是兩體各得一祖懷瓘謂陳遵爲開創正書之始必有所受之不能假也世徒知正書爲鍾王變體猶爲數典而忘耳案此說亦是特一種字體皆由逐漸遷變而成非一人所能爲向來謂某體始於某人者皆强舉善書有名者以當之非必事實陳遵亦此類耳

顧氏之說如此。據其說，篆隸分楷之遷變，殊爲了然。蓋隸之初興，與篆實無大異：是爲秦人之所謂隸書；漢初猶沿用之。及後漢乃有挑法，是爲漢人之變秦。

以其有波磔與前此之方廣者不同，則謂之八分。八者，別也，背也，言相背別而分章也。以其有法式，可模範也，亦謂之楷法。此體蓋專用諸銘石等，至供章程白事之用者，則筆畫仍平直而無波勢，此之謂章程書，亦卽所謂正書，正書畫方，篆書畫圓，然其無波磔則同。故諸家皆以正書承隸。蓋正書非承漢隸而變，乃漢隸之用諸銘石等者變秦，而用諸章程白事等者仍未變耳。（章程書之筆法雖亦與秦隸不同然係逐漸變遷而成非有意爲之故以其用言之則曰章程書以字體言之則仍謂之隸也）章程書既襲隸名，欲使用諸銘石等有波勢之字，與之立別，則謂之八分。此名相沿未改。故唐人猶稱今正書爲隸書，而稱漢隸爲八分也。於此可見王愔謂古書方廣少波勢，蕭子良謂王次仲飾隸爲八分，說實極確。蓋秦隸漢隸，所異在有無波勢，由無波勢變爲有波勢，正是加之以飾耳。予又因此悟許序「秦始皇帝使下杜人程邈所作也」十三字，未必非許書原文。何則，篆之初興，與隸既無大別；則程邈所作之字，與李斯趙高胡母敬所作之字，原未必有異同。蔡邕謂王次仲初變古文，則竟不謂篆隸有別。此許時人所以猶謂秦之隸書爲蒼頡時書也。李斯等之作倉頡等篇，乃取籀篇省改其字體；程邈所作，則變篆書之筆法而趨於簡易。秦代之字，字體從斯等所定，筆勢則效程邈所爲；謂爲斯等所作可，謂爲程邈所作，亦無不可也。大篆之名，班固時尚未有。以秦人所用之字，字體筆勢，皆與前此微異，則謂之秦篆。後人乃卽周時所傳之史籀篇，與秦人所作字書，分立大小篆之名。夫如是，則小篆二字，不啻秦文之代名。夫卽字體而言之，則秦字定於趙高等；卽筆勢而言之，則秦字出於程邈；故有以秦字爲趙高等作，亦有以秦字爲程邈作者。既以秦字爲程邈作，則「小篆卽秦篆書」之下，固可贅以「秦始皇帝使下杜人程邈所作也」十三字也。此殆亦舊說，而許錄之。其不移此語於敍秦事時，而仍贅於此者，直錄舊說，不加改定，古人之文固多如此也。參看拙著章句論衞恆晉初人，去許猶近，蓋尚知此義。故其作書勢，猶爲兩可之辭。至江式則去許已遠，於此已不能期。故其表辭，雖襲許序，而逕移此語於前矣。江表云於是秦燒經書滌除舊典官獄繁多以趨約易始用隸書古文由此息矣隸書者始皇使下杜人程邈所作也以邈徒隸即謂之隸書其敍亡新六書三曰篆書云小篆也無秦始皇帝使下杜人程邈所作十二字既知許述秦時事及新室事，爲並錄兩說，則知隸書之始，故有兩說：一但謂施之徒隸，取其約易，而不鑿指創造之人。一則指謂出於程邈。夫不論何種文字，皆不能鑿言創造之人，則自以前說爲得也。

隸書本有起自先秦之說。書斷：「酈道元水經曰：臨淄人發古冢，得銅棺，前和外隱起爲字，言齊太公六世孫胡公之棺也。唯三字是古，餘同今隸書。證知隸字出古，非始於秦，然程邈所造，書籍共傳，道元之說，未可憑也。」杜光庭又辨之曰：「世人多以隸書始於秦時程邈者非也。隸書之興，興於周代。何以知之？按左傳史趙算絳縣人年曰：亥有二首六身。是其物也。士文伯曰：然則二萬六千六百有六旬。蓋以亥字之形，似布算之狀。案古文亥作𠀅，全無其狀。雖春秋時文字體別，而言亥字有二首六身，則是今之亥字。下其首之二畫，豎置身旁，亥作豕，此則二萬六千六百之數也。據此，則春秋之時，有隸書矣。又酈善長水經注云：臨淄人有發古冢者，得銅棺，棺外隱起爲文，言齊太公六代孫胡公之棺也。惟三字古文，餘同今書。此胡公又在春秋之前，即隸書興於周代明矣。當時未全行，猶與古文相參，自秦程邈已來，乃廢古文，全行隸體，故程邈等擅其名，非創造也。」案書傳所謂得古物者，其詞或設；卽不然，年代文字，亦往往考核不審。酈氏之說，未可盡憑。籀篆以前，文字多矣，必謂惟今隸書之亥字，乃足當二首六身，亦近專執。然知秦隸初起，與篆相淆，卽知酈言隸起秦時，亦未爲得。何者？變篆爲隸，不過如今鈔胥作字，但求捷速，隨意作畫，而不復審其俯仰之姿耳。謂秦時而其用始廣則可，謂至秦時乃能爲之，固不然也。

篆隸之異，大體固在筆畫形狀，然其字之構造，亦有不同之處。此固或由篆取圓筆，隸取方筆，筆勢不同，不得不改，然亦有各有所承，隸書並非改篆者。王氏筠曰：「今人以攴爲正，以攵爲俗，誤也。說文所收，小篆皆從攴，古文籀文皆从攴，文即攴之變；乀變爲人者，如旌旗從㫃，乾從倝，楷皆變乀爲人也。又變乂者，如文篆作攴今又變爲乂，而連書於十之下也，豈可斥爲俗乎？且楷從攴者，有鼓敲毆三字不必尊古籀文而改爲鼓敲毆也；他字皆從攵，即亦不必尊篆文而闢古籀文也。或有力辨變當作變者，則叓今作更，何不聞其力辨之也？」（見釋例卷九）蓋篆隸初本同物，篆書之書寫苟簡者，即爲隸書，並非既有篆書，經歷若干年代，乃又造隸。故有篆書遵古而隸與古違者；亦有篆已變古而隸書猶存古意者。正猶今日正書，字體之間，小有出入，下筆者或則確守舊體，或則務效時趨耳。世之誤謂篆書皆古，而隸必皆失古意者，實由未知文字變遷之真相使然。然則欲考文字之朔，篆與隸之可據，固亦相等矣。

隸之初興，取趨約易，施之徒隸。蓋凡士夫作書，不求約易者，卽不其然，然庶業其繇，約易之趨，勢不獲已。故隸書變盛，篆乃卒微，賈魷說文字源序云：「自三國後，隸書盛行，古文篆籀寖微矣。歷晉，魏，周，隋，宋，齊，梁，陳，通篆籀者日寡。惟碑頌之額，時覩數字，仍十中八九，檢文題之」此則又非漢時施之符璽幡信題署之比矣。（衛恆說見前）書斷曰：「漢和帝時，賈魴選滂喜篇。以倉頡爲上篇，訓纂爲中篇，滂喜爲下篇，所謂三倉也。皆用隸字爲之。隸法由玆而廣。」三倉爲識字之書，而亦寫以隸，則隸之通行可知。蓋篆隸之殊，一在字體，一在筆勢；字體則由繁趨簡，筆畫則變圓爲方。二者皆所以求約易。夫槀草之書，非不約易也，然又失之草率，不如隸書之便於觀覽；此隸書所以行之數千年，今人雖或病其書寫之難，而卒不能廢也。成公綏隸書體曰：「蟲篆既繁，草槀近僞，適之中庸，莫尙於隸。」知一事之行，皆有其所由，而非偶然矣。

# 第五章　草書行書

隸書又變，厥惟行草。草者，隸之捷；行則介乎真草之間者也。草書之興，大約在秦漢之際，亦不能鑿指創造之人。故許序但言「漢興有草書。」江式表云「又有草書，莫知誰始。」書勢云：「漢興而有草書，不知作者姓名。」庾肩吾書品云：「草勢起於漢時，解散隸法，用以赴急」是也。其以爲起自秦時者，趙壹非草書云：「夫草之興也，其於近古乎？蓋秦之末，刑峻網密，官書繁冗，戰攻並作，軍事交馳，羽檄紛飛，故爲隸草，趨急速耳。」又書斷：「梁武帝草書狀曰：蔡邕云：昔秦之時，諸侯爭長，簡檄相傳，望烽走驛，以篆隸之難，不能救速，遂作赴急之書，蓋今草書」是也。懷瓘駁之曰：「創制之始，其閑者鮮。且此書之約略，既是倉皇之世，何粗魯而能識。蔡公不應至是，誠恐厚誣。」案凡事皆以漸興。自秦與諸侯爭長之時，以至漢興之世，其間年歲，並不甚遠。必謂漢之所有，秦則無之，既無左證，何能斷定？若謂倉皇之際，約略之書，非粗魯所能識，則草之初興，去隸必不甚遠，非如後來截然兩體，各不相入；懷瓘此論，未免執後事以疑古人也。然書斷又謂草書緣起，由於草藁，則其說甚通。書斷云：「王愔云：藁書者，似草非草，草行之際者非也。案藁亦草也。因草呼藁，正如真正書寫，而又塗改，亦謂之草。楚懷王使屈原造憲令，草藁未上，上官氏見而欲奪之；又董仲舒欲言災異，草藁未上，主父偃竊而奏之；並是也。如淳曰：所作起草爲藁。姚察曰：草猶麤也，麤書爲本曰藁。蓋草書之先，因於起草。」今案書品亦云：「因草創之義，故曰草書。」則懷瓘之說信矣。莊綬甲曰：「儀禮既夕注，初學記引蕭子良古今文體，有藁書無草書。墨藪五十六種書同。御覽引庾元威論書百體，有章草草書，（此草書指張芝所作後世亦謂之狂草）無藁書。」明草藁是一也。夫藁草之名，因於起草，則孰能指爲始於何時，創於何人乎？然諸家皆謂起於秦漢之際，蓋亦有由。草之初興，不過解散隸法，用以赴急，其去真固當不遠。厥後沿用日久，巧法漸生，衆既共喻，簡略益甚，乃與真隸迥殊，而草書之名以立。然則古人之草藁，當略如後世之真行，至漢時之章草，乃能自成一體也。

章草者，對張芝所變之草法而言之也。書勢云：「漢興而有草書，不知作者姓名。至章帝時，齊相杜度號稱善作。後有崔瑗崔實，亦皆稱工。弘農張伯英，因而轉精。」書品亦云：「建初中，京兆杜操，始以善草知名。」書斷：「章草者，漢黃門令史游所作也。衞恆，李誕並云：漢初而有草法，不知其誰。蕭子良云：章草者，漢齊相杜操始變藁法，非也。王愔云：漢元帝時，史游作急就章，解散隸體麤書之。漢俗簡惰，漸以行之是也。」又云：「自杜度妙於章草，崔瑗崔寔，父子繼能；伯英得崔杜之法，溫故知新，因而變之，以成今草。字之體勢，一筆而成，偶有不連，而血脈不斷。及其連者，氣脈通其隔行。惟王子敬深明其旨。故行首之字，往往繼前行之末。

世稱一筆書起自張伯英，卽此也。」又云：「章草之書，字字區別。張芝變爲今草，上下牽連，或借上字之下，而爲下字之上。呼史游草爲章草，因伯英草而謂也。」杜操卽杜度，大徐說文注作杜探，他書亦有作杜伯度者。莊綬甲云：「作操是，探文相似而誤。伯度蓋其字。」云「杜操始變藁法，」云「伯英變之以成今草，」變遷之迹，歷歷可見。惟史游乃撰急就篇之人，急就篇後人以章草書之，懷瓘因以章草爲史游所作，則誤耳。莊氏云史游急就後人多以草書寫之皇象鍾繇衞夫人皆有遺跡見顏師古序王愔所謂解散隸體麄書之者蓋涉後人之跡而誤也懷瓘又云：「杜度善草，見稱於章帝，上貴其迹，詔使草書上奏；魏文帝亦令劉廣通草書上事。蓋因章奏，後世謂之章草。」參以趙壹非草書一篇，亦可見一時之風尚矣。

草至章草，乃與隸書截然兩體。故韋續謂「字有五易：倉頡變古文，史籀制大篆，李斯制小篆，程邈制隸書，漢代作章草」是也。至狂草興，則全失隸意，不習者且不能識，草書遂自成一藝，不復足供草稾之用。張懷瓘六體書論論張芝云草法貴在簡易而此公儁於太簡是也而行書乃起而代之焉。行書之興，蓋同古之稾草。其法則有取諸真書者，亦有取之草書者；張懷瓘書議，謂「行書非草非真，在乎季孟之間，兼真者謂之真行，帶草者謂之行草」是也。書勢曰：「魏初有鍾胡二家，爲行書法，俱學之於劉德昇。而鍾氏小異。然亦各有其巧。」書斷曰：「行書者，後漢潁川劉德昇所造也。其六體書論亦曰行書者劉德昇造也即正書之小譌。務從簡易，相間流行，故謂之行書。王愔云：「晉世以來，工書者多以行書著名。昔鍾元常善行狎書」是也。王僧虔古來能書人名曰：「鍾繇書有三體：三曰行狎書，相聞者也。河東衞覬子瓘，採張芝法，以覬法參之，更爲草稾。草稾是相聞書也。」曰「正書之小譌」，即真行，曰「採張芝法」即行草也。宣和書譜曰：「自隸法掃地，真幾於拘，草幾於放，介乎兩者之間者，行書有焉。」此體實最適用，故通行亦最廣也。今人有謂學童習字，當重行書者。案玉海：「晉荀勗領祕書監，立書博士，置弟子教習。以鍾繇胡昭爲法。」則崇尙之者，正不自今始矣。

Studies in Chinese Classics Series

# TRANSITIONS OF CHINESE WRITING

BY

LÜ SZŬ MIEN

Edited by

Y. W. WONG

1st ed., Feb., 1926

THE COMMERCIAL PRESS, LIMITED

SHANGHAI, CHINA



**Price: $.30**

中華民國十五年二月初版

(國學小叢書)中國文字變遷考一册

(每册定價大洋叁角)

(外埠酌加運費匯費)

著者　呂思勉

本叢書編輯主幹　王岫廬

發行者　商務印書館

印刷所　上海寶山路　商務印書館

總發行所　上海棋盤街中市　商務印書館

分售處　商務印書分館

北京　濟南　蘭谿　天津　太原　安慶　保定　開封　蕪湖　奉天　西安　南昌　吉林　南京　九江　龍江　杭州　漢口　長沙　福州　貴陽　常德　廣州　衡州　潮州　張家口　成都　香港　重慶　梧州　廈門　雲南　新嘉坡

## 民国首版学术经典丛书

留欧外史（第一辑上编）
清代学术概论
中国目录学史
理学纲要
中国殖民史
白话本国史（四册）
近代中国留学史
五十年来中国之文学、论文杂记
历史研究法与中国文字变迁考
苏曼殊年谱及其他
中国商业史
妙峰山
中国文字学史（上下）

## 民国首版文学经典丛书

新月诗选
火灾
我们的六月
红的天使
红雾
未完的忏悔录
生死场
云游、志摩的诗
徐志摩选集
休息、给予者
迷羊
第七连
弘一大师永怀录
石门集
飞絮
鲁迅杰作选
胡适留学日记（四册）